Aufgewachsen in der DDR

Heidi Gruner
K. und J. Haselbach

Wir vom Jahrgang 1945

Kindheit und Jugend

Impressum

Bildnachweis:

Titel: ullstein-bild; unbekannt: hinten

Stadtarchiv Magdeburg: S. 5, 7; ullstein-ADN-Bildarchiv: S. 6 o, 19 o, 30; Privatarchiv Haselbach: S. 6 u, 8 o, 17 (2), 18 o, 19 u, 21, 24-26, 28 o, 29, 31, 34 o, 54 (2), 63; ullstein: S. 8 u, 9 o, 13, 15, 18 u, 20, 32, 36, 42o, 44 (2), 46, 47; ullstein–Georg Schmidt: S. 9 u; ullstein-ddp: S. 10, 22; ullstein-dpa: S. 11; ullstein-Oed: S. 12; ullstein-Archiv Hahn/Weissberg: S. 16; ullstein bild – United Archives / 90060: S. 23, ullstein-Oskar Poss: S. 28u; ullstein-Walter Warnicke: S. 43u; ullstein-Insacado/MPhoto: S. 35; ullstein-DHM/Schwarzer: S. 38, 39, 40; ullstein-snapshot-photography/Tobias Seeliger: S. 50; amiga/Bärbel Wachholz: S. 41; unbekannt: S. 42, 45 li, 56, 57 li, 58; Horst Hebestreit: S. 43; Fotoarchiv der Leipziger Volkszeitung: S. 45 re; Picture alliance-ZB/FSU Fotozentrum. S. 48; ullstein-Leber: S. 49; ullstein-Fritz Eschen: S. 53; PUNCTUM Fotografie GmbH/Bertram Kober: S. 57 re; Ullstein-RIANOVOSTI: S. 59; Hans-Peter Berth: S. 60; Ullstein-Kurt Hamann: S. 61;

Wir danken allen Lizenzträgern für die freundliche Abdruckgenehmigung.
In Fällen, in denen es nicht gelang, Rechtsinhaber an Abbildungen zu ermitteln,
bleiben Honoraransprüche gewahrt.

4. Auflage 2019

Gestaltung und Satz: r2 | Ravenstein, Verden
Druck: Druck- und Verlagshaus Thiele & Schwarz GmbH, Kassel
Buchbinderische Verarbeitung: Buchbinderei S. R. Büge, Celle

34281 Gudensberg-Gleichen • Im Wiesental 1
Telefon: 056 03/9 30 50 • www.wartberg-verlag.de
ISBN: 978-3-8313-3145-1

Vorwort

Liebe 45er!

Viele von uns kamen auf die Welt, als noch Bomben vom Himmel fielen. Einen leichten Start ins Leben hatten wir nicht. Dafür aber die Gewissheit: Es kann nur besser werden. Das gemeinsame Ziel schweißte die Menschen in dieser schwierigen Zeit zusammen.

Wir Nachkriegskinder waren bescheiden, freuten uns über Kleinigkeiten und teilten, wo wir konnten. Aus dem wenigen, das wir besaßen, machten wir viel und waren damit zufrieden. Es gab kein Fernsehen und keine Computerspiele, und trotzdem hatten wir nie Langeweile. Selten waren wir allein, fast jeder hatte Geschwister, und bei Familienfeiern war entsprechend viel los. Manches davon vermissen wir heute schmerzlich und blicken auch deshalb mit Wehmut auf diese unwiederbringliche Kinder- und Jugendzeit zurück. Das Land, in dem wir aufgewachsen sind und das uns prägte, gibt es heute nicht mehr. Vieles hat sich geändert. Machen wir das Beste daraus. Es ist uns schon einmal gelungen.

Klaus Haselbach J. Haselbach

Klaus und Jürgen Haselbach

Eintritt in eine **verwüstete Welt**

Hurra, wir leben noch!

Chaos herrschte zu Beginn des Jahres 1945 in Deutschland. Millionen Menschen waren auf der Flucht, strömten aus Angst vor der heranrückenden Roten Armee in die zerbombten Städte. Dort hatten viele ihr Dach über dem Kopf verloren. Millionen hungerten und froren auf den Straßen. Niemand wusste, was die Zukunft bringen würde. An die Durchhalteparolen und den Endsieg hatte wohl kaum noch jemand geglaubt. Mitten hinein in dieses Chaos wurden wir geboren. Auf Flüchtlingstrecks, in Luftschutzkellern, und viele – glücklicherweise – erst nach Kriegsende unter etwas weniger chaotischen Bedingungen.

Die ersten Friedenstage erfüllten die Menschen mit einem unbeschreiblichen Hochgefühl: Hurra, wir leben noch! Doch wie sollte es weitergehen?

Chronik

4.–11. Februar 1945
Auf der Konferenz von Jalta regeln die USA, Großbritannien und die Sowjetunion die Aufteilung Europas nach dem Ende des Zweiten Weltkrieges.

30. April 1945
Der „Führer“ Adolf Hitler nimmt sich im Bunker der Reichskanzlei in Berlin das Leben.

8. Mai 1945
Der Zweite Weltkrieg endet. Deutschland als Staat existiert nicht mehr, die Alliierten übernehmen die Regierung in den Besatzungszonen.

6./9.August 1945
Amerikanische Flugzeuge werfen über Hiroshima und Nagasaki Atombomben ab. Etwa 150 000 Japaner kommen ums Leben.

3. September 1945
In der sowjetischen Besatzungszone beginnt die Bodenreform. „Junker“ und Großgrundbesitzer werden enteignet, ihr Boden umverteilt.

7. März 1946
Die Freie Deutsche Jugend wird gegründet.

21./22. April 1946
In der sowjetischen Besatzungszone schließen sich KPD und SPD zur Sozialistischen Einheitspartei Deutschlands (SED) zusammen.

15. Juli 1946
Aus den USA kommt die erste große Sendung von Care-Paketen nach Deutschland. Von mehr als 9,5 Millionen Paketen landen etwa 80 000 in der sowjetischen Besatzungszone.

1. Oktober 1946
In Nürnberg fällt ein Internationaler Gerichtshof die Urteile gegen die nationalsozialistische Führungsspitze. Zwölf der 21 Angeklagten werden zum Tode verurteilt.

5. Juni 1947
Der amerikanische Außenminister Marshall kündigt ein umfangreiches Wiederaufbauprogramm, den Marshall-Plan, an.

In den Trümmern ihrer zerstörten Häuser suchten die Menschen nach verschüttetem Hab und Gut oder anderen verwertbaren Dingen.

400 Millionen Kubikmeter Schutt mussten beseitigt werden. Dreieinhalb Millionen Wohnungen waren zerstört. Die Städte glichen Steinwüsten. Strom, Gas, Wasser gab es kaum. In Kellern, Dachkammern, Gartenlauben, Fabrikhallen, Bunkern und zugigen Nischen zerstörter Häuser quartierten sich die Menschen ein. Kaputte Fenster wurden mit Pappe vernagelt, Sanitäreinrichtungen gab es nicht. Auf engstem Raum waren die Menschen zusammengepfercht. Wer Glück hatte, kam bei Verwandten unter.

Bauern werden enteignet

Im Sommer 1945 ziehen erstmals Mitglieder der KPD durch die Dörfer in der sowjetischen Besatzungszone, um für die entschädigungslose Enteignung sämtlichen Grundbesitzes über 100 Hektar zu werben. Anfang September erlassen die Landes- und Provinzialverwaltungen Verordnungen über die Durchführung der Bodenreform. Das enteignete Land wird in etwa fünf Hektar große Parzellen aufgeteilt und an Landarbeiter, Kleinbauern sowie Flüchtlinge und Vertriebene aus den Ostgebieten übergeben. Die zersplitterten Grundstücke lassen sich auf Dauer oft nur unrentabel bewirtschaften.

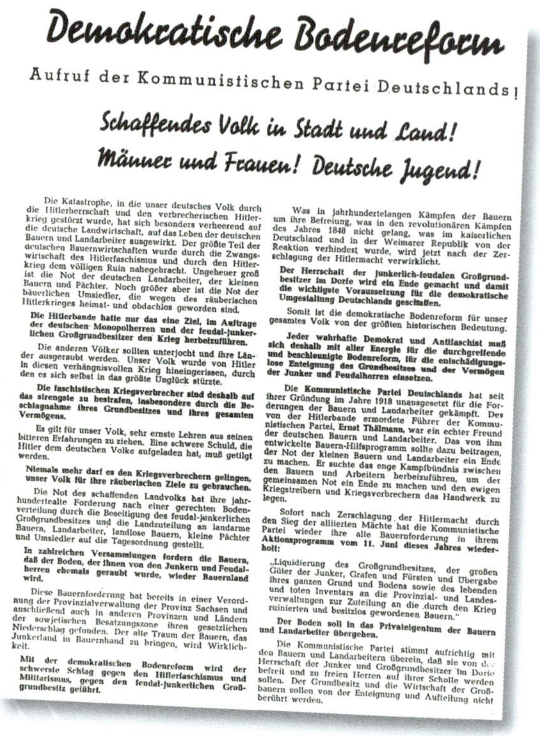

Demokratische Bodenreform

Aufruf der Kommunistischen Partei Deutschlands!

Schaffendes Volk in Stadt und Land!
Männer und Frauen! Deutsche Jugend!

Die Katastrophe, in die unser deutsches Volk durch die Hitlerherrschaft und den verbrecherischen Hitlerkrieg gestürzt wurde, hat sich besonders verheerend auf die deutsche Landwirtschaft, auf das Leben der deutschen Bauern und Landarbeiter ausgewirkt. Der größte Teil der deutschen Bauernwirtschaften wurde durch die Zwangswirtschaft des Hitlerfaschismus und durch den Hitlerkrieg dem völligen Ruin nahegebracht. Ungeheuer groß ist die Not der deutschen Landarbeiter, der kleinen Bauern und Pächter. Noch größer aber ist die Not der bäuerlichen Umsiedler, die wegen des räuberischen Hitlerkrieges heimat- und obdachlos geworden sind.

Die Hitlerbande hatte nur das eine Ziel, im Auftrage der deutschen Monopolherren und der feudal-junkerlichen Großgrundbesitzer den Krieg herbeizuführen.

Die anderen Völker sollten unterjocht und ihre Länder ausgeraubt werden. Unser Volk wurde von Hitler in diesen verhängnisvollen Krieg hineingerissen, durch den es sich selbst in das größte Unglück stürzte.

Die faschistischen Kriegsverbrecher sind deshalb auf das strengste zu bestrafen, insbesondere durch die Beschlagnahme ihres Grundbesitzes und ihres gesamten Vermögens.

Es gilt für unser Volk, sehr ernste Lehren aus seinen bitteren Erfahrungen zu ziehen. Eine schwere Schuld, die Hitler dem deutschen Volke aufgeladen hat, muß getilgt werden.

Niemals mehr darf es den Kriegsverbrechern gelingen, unser Volk für ihre räuberischen Ziele zu gebrauchen.

Die Not des schaffenden Landvolks hat ihre jahrhundertealte Forderung nach einer gerechten Bodenverteilung durch die Beseitigung des feudal-junkerlichen Großgrundbesitzes und die Landzuteilung an landarme Bauern, Landarbeiter, landlose Bauern, kleine Pächter und Umsiedler auf die Tagesordnung gestellt.

In zahlreichen Versammlungen fordern die Bauern, daß der Boden, der ihnen von den Junkern und Feudalherren ehemals geraubt wurde, wieder Bauernland wird.

Diese Bauernforderung hat bereits in einer Verordnung der Provinzialverwaltung der Provinz Sachsen und anschließend auch in anderen Provinzen und Ländern der sowjetischen Besatzungszone ihren gesetzlichen Niederschlag gefunden. Der alte Traum der Bauern, das Junkerland in Bauernhand zu bringen, wird Wirklichkeit.

Mit der demokratischen Bodenreform wird der schwerste Schlag gegen den Hitlerfaschismus und Militarismus, gegen den feudal-junkerlichen Großgrundbesitz geführt.

Was in jahrhundertelangen Kämpfen der Bauern um ihre Befreiung, was in den revolutionären Kämpfen des Jahres 1848 nicht gelang, was im kaiserlichen Deutschland und in der Weimarer Republik von der Reaktion verhindert wurde, wird jetzt nach der Zerschlagung der Hitlermacht verwirklicht.

Der Herrschaft der junkerlich-feudalen Großgrundbesitzer im Dorfe wird ein Ende gemacht und damit die wichtigste Voraussetzung für die demokratische Umgestaltung Deutschlands geschaffen.

Somit ist die demokratische Bodenreform für unser gesamtes Volk von der größten historischen Bedeutung.

Jeder wahrhafte Demokrat und Antifaschist muß sich deshalb mit aller Energie für die durchgreifende und beschleunigte Bodenreform, für die entschädigungslose Enteignung des Grundbesitzes und der Vermögen der Junker und Feudalherren einsetzen.

Die **Kommunistische Partei Deutschlands** hat seit ihrer Gründung im Jahre 1918 unausgesetzt für die Forderungen der Bauern und Landarbeiter gekämpft. Der von der Hitlerbande ermordete Führer der Kommunistischen Partei, **Ernst Thälmann,** war ein echter Freund der deutschen Bauern und Landarbeiter. Das von ihm entwickelte Bauern-Hilfsprogramm sollte dazu beitragen, der Not der kleinen Bauern und Landarbeiter ein Ende zu machen. Er suchte das enge Kampfbündnis zwischen den Bauern und Arbeitern herbeizuführen, um der gemeinsamen Not ein Ende zu machen und den ewigen Kriegstreibern und Kriegsverbrechern das Handwerk zu legen.

Sofort nach Zerschlagung der Hitlermacht durch den Sieg der alliierten Mächte hat die Kommunistische Partei wieder ihre alte Bauernforderung in ihrem **Aktionsprogramm vom 11. Juni dieses Jahres wiederholt:**

„Liquidierung des Großgrundbesitzes, der großen Güter der Junker, Grafen und Fürsten und Übergabe ihres ganzen Grund und Bodens sowie des lebenden und toten Inventars an die Provinzial- und Landesverwaltungen zur Zuteilung an die durch den Krieg ruinierten und besitzlos gewordenen Bauern."

Der Boden soll in das Privateigentum der Bauern und Landarbeiter übergehen.

Die Kommunistische Partei stimmt aufrichtig mit den Bauern und Landarbeitern überein, daß sie von der Herrschaft der Junker und Großgrundbesitzer im Dorfe befreit und zu freien Herren auf ihrer Scholle werden sollen. Der Grundbesitz und die Wirtschaft der Großbauern sollen von der Enteignung und Aufteilung nicht berührt werden.

Wir waren Mutters ganzer Stolz.

Säuglinge boten Schutz

In Berlin, Magdeburg oder Leipzig bestimmten nun die, die Hitlers Propaganda als Untermenschen verunglimpft hatte, wo es langging. Fast alle Soldaten der Sowjetarmee hatten im Krieg Angehörige verloren. Entsprechend groß waren Wut und Rachegelüste. Nun büßten die deutschen Frauen für die Gräueltaten der Männer. Ein Säugling auf dem Schoß bot in diesen Tagen Schutz,

Eine Frau schrieb ihre neue Adresse an die Hauswand – in der Hoffnung, dass vermisste Angehörige sie finden.

denn junge Mütter verschonten die Russen meistens. Die deutschen Männer konnten ihren Frauen nicht helfen. Sie waren in Gefangenschaft, vermisst oder gefallen. So bestimmten Sorgen und Ängste das Leben unserer Mütter. Angst vor den sowjetischen Soldaten, Angst, uns nicht ernähren zu können, Sorgen um den Ehemann.

Die Flüchtlinge aus den Ostgebieten bangten um ihr fernes Zuhause und hofften, bald in ihre Heimat zurückkehren zu können. Sie waren zu Bettlern degradiert worden – hatten sie doch sämtliches Hab und Gut zurücklassen müssen. Eine neue Bleibe zu finden ähnelte oft einem Glücksspiel. Mütter mit kleinen Schreihälsen wie uns auf dem Arm hatten es besonders schwer, unterzukommen.

Die Männer, die heimkehrten, fanden ihre Angehörigen nicht immer auf Anhieb. Unsere Mütter klebten Zettel, schrieben mit Kreide an die Hauswände, liefen regelmäßig zum Bahnhof. Hatten die Väter uns endlich gefunden, mussten sie sich an uns und wir uns an sie gewöhnen. Viele konnten nach den traumatischen Erlebnissen im Krieg nicht mehr das sein, was unsere Mütter gebraucht hätten: gute Väter für uns Kinder. Andere Frauen mussten warten. Abends, wenn wir in unseren Bettchen lagen, galten ihre Gedanken den Männern. Wie wird es ihnen gehen, wo mögen sie gerade sein? Tagsüber blieb für solche Überlegungen keine Zeit. Stunden verbrachten unsere Mütter damit, Lebensmittel zu ergattern. „Organisieren" war schon im Krieg eine große Kunst gewesen und sollte es noch lange Zeit bleiben.

Viele Mütter konnten, da sie selbst nur schlecht ernährt waren, nicht stillen. So wurden Rezepte für Milchmischungen verteilt: 500 Gramm Milch, 250 Gramm Wasser, 25 Gramm Zucker und 25 Gramm Mehl ergaben unsere Nahrung für einen Tag. Vor den wenigen Geschäften, in denen es auf Marken etwas zu kaufen gab, bildeten sich lange Schlangen. Es fehlte an allem: an Lebensmitteln, Kleidung und Brennstoffen. Wer überleben wollte, musste tauschen: Schmuck gegen Butter, Silberbesteck gegen Schuhe, Fahrradlampen gegen Kartoffeln. Der verbotene Schwarzmarkt blühte, und unsere Mütter wurden zwangsläufig zu Kriminellen. Sie standen Todesängste aus, um uns ernähren zu können.

Auch wenn es eng war: Zu zweit machte die Ausfahrt im Kinderwagen doppelt so viel Spaß!

An eine Grundausstattung für Säuglinge war nicht zu denken: Windeln, Wäsche, Kinderwagen – kaum etwas davon war zu bekommen. Wer seinen Hausrat nicht im Krieg verloren hatte, zerschnitt Leintücher auf Windelgröße. Der geflochtene Wäschekorb wurde zu unserem Bettchen umfunktioniert. An jeder Ecke ließen sich Hobbyschneiderinnen nieder und zauberten aus alten Uniformteilen warme, wenn auch oft kratzige Baby-Sachen. Manche Mutter ließ aus ihrer letzten Handtasche die ersten Schuhchen für uns nähen.

Verzweifelte Suche nach Angehörigen

Millionen Menschen suchen bei Kriegsende nach ihren Angehörigen. Kinder sind auf der Flucht von ihren Müttern getrennt worden, Kriegsheimkehrer finden ihre ausgebombten Angehörigen nicht. Überall in den Städten hängen Zettel mit Adressen oder Suchmeldungen. Betroffene Frauen richten zentrale Anlaufstellen ein, jahrelang wird in Zeitungen, Kino- und Radiospots nach Angehörigen gesucht. Bereits 1945 nimmt der Suchdienst des Roten Kreuzes in München seine Arbeit auf. Unter widrigen Bedingungen – kein Papier, Kälte, Versorgungsprobleme – empfangen die Mitarbeiterinnen Tag und Nacht Menschen in den bescheidenen Büroräumen, die die Amerikaner ihnen zur Verfügung gestellt haben. In der sowjetischen Besatzungszone läuft ab 1946 im Kino der „Augenzeuge“ mit einer extra Rubrik „Kinder suchen ihre Eltern“.

An den Hauswänden hinterließen die Überlebenden Nachrichten für ihre Angehörigen.

Hamsterfahrten durch die Dörfer

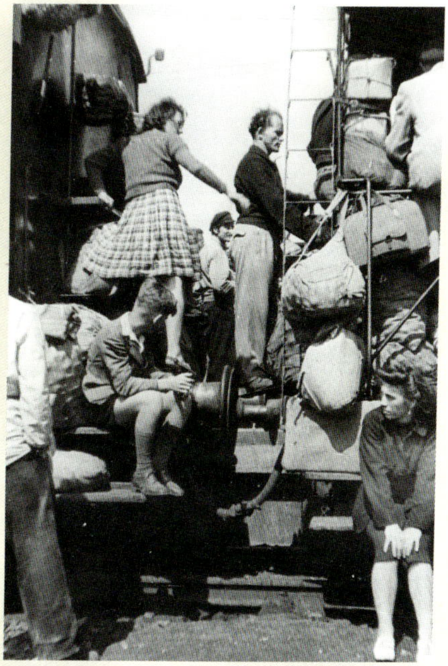

Mit gefüllten Säcken kehrten die Städter von ihren Hamstertouren zurück.

Alle zwei, drei Wochen starteten die Frauen zu abenteuerlichen Hamsterfahrten. Mit Rucksäcken und Einkaufstaschen bewaffnet, zu Fuß, in überfüllten Bussen oder Zügen, Handwagen ziehend oder auf Pferdefuhrwerken machten sich unsere Mütter auf den Weg dorthin, wo sie hofften, etwas Essbares zu bekommen: zu den Bauern auf den Dörfern. Geld brauchten sie dort nicht, nur Wertsachen. Hatten unsere Mütter nichts mehr zum Tauschen, liefen sie manchmal tagelang von Hof zu Hof und bettelten mit anderen um die Wette.

Unsere Menüs bestanden aus Gries- und Gemüsebrei, zerkochten Kartoffelschalen, Apfelmus und Möhrensaft. Trotz der Schwierigkeiten blickten unsere Mütter immer hoffnungsvoller in die Zukunft. Sie freuten sich, uns aufwachsen zu sehen, wir waren ihr größtes Glück. Um unsere wenigen Windeln waschen zu können, mussten die Mütter oft lange Wege zurücklegen. In den Städten gab es Wasser lange Zeit nur am Hydranten oder an speziellen Wasserwagen. Auch Brennholz zur Warmwasserbereitung war knapp. Lange mussten die Mütter schrubben, bis die Wäsche sauber war und dann den schweren Korb auf den Dachboden oder in den Hof schleppen. Wurden wir gebadet, nutzten unsere Mütter das Wasser anschließend zum Fußboden wischen.

Auf dem Schwarzmarkt standen windige Geschäftemacher Elendsgestalten und verzweifelten Frauen gegenüber.

Die Digedags waren die Stars des Comic-Heftes „Magazin“.

Junge Welt, Frösi & Digedags

Am 12. Februar 1947 erscheint in der Sowjetischen Besatzungszone erstmals die Zeitung „Junge Welt“. Neun Monate später kommt der Untertitel „Zentralorgan der Freien Deutschen Jugend“ hinzu. Die „Junge Welt“ ist mit weit über einer Million Exemplaren die auflagenstärkste Zeitung in der DDR, noch vor dem „Neuen Deutschland“.

Der FDJ-eigene Verlag Junge Welt gibt zahlreiche Kinder- und Jugendbücher heraus – und bald auch eine neue Kinderzeitschrift. Am 25. Juni 1953 liegt erstmals die „Fröhlich sein und singen“ an den Kiosken, mit einem Grußwort des damaligen FDJ-Chefs Erich Honecker. Ab 1956 erscheint das Heft einmal im Monat (davor alle sechs Wochen) und ist vor allem wegen der beiliegenden Bastelbögen und Samentütchen beliebt. Die Maximalauflage beträgt 600 000 Stück, die Zeitungen sind stets schnell vergriffen.

Am 23. Dezember 1955 erblicken die Digedags das Licht der Welt. Die drei sind die Haupthelden der Comiczeitschrift „Mosaik“ und werden die bekanntesten und beliebtesten Comicfiguren in der DDR. Das einmal im Monat erscheinende Mosaikheft ist Bückware. 1976 werden Dig, Dag und Digedag von den Abrafaxen abgelöst, füllen aber bis heute Bücher und Ausstellungen.

Unser Spielplatz war die Straße.

Schlangestehen bei Eiseskälte

Von all dem bekamen wir aber wenig mit. Wir wuchsen aus unseren Babysachen und lernten allmählich laufen und sprechen. Immer öfter passten ältere Geschwister, Nachbarsfrauen oder die Großeltern auf uns auf. Unsere Mütter suchten sich Arbeit und rackerten nicht selten von früh bis spät als Trümmerfrauen inmitten der Ruinen. Dass sie uns so oft allein lassen mussten, um zusätzliche Lebensmittelrationen zu erhalten, war eine große psychische Belastung.

Neben der Arbeit verbrachten unsere Mütter noch immer viel Zeit damit, das Lebensnotwendige zu organisieren. Vor den Geschäften bildeten sich oft schon um drei Uhr morgens lange Schlangen. Besonders im Winter wurde das Warten zur Qual. Kaum jemand hatte einen warmen Mantel oder ausreichend Kleidung, um die halbe Nacht in der Kälte ausharren zu können. Wir wunderten uns, dass sich unsere Mütter in den Warteschlangen oft ungeduldig und egoistisch verhielten. Ellenbogentechnik und jeder noch so plumpe Trick wurden angewendet, um in Geschäften und Verkehrsmitteln, bei Ärzten und

Ämtern als Erste an die Reihe zu kommen. Versuchten sie doch sonst, uns zu Höflichkeit und Rücksichtnahme zu erziehen.

Unsere Schlafstatt, der Wäschekorb, war uns längst zu klein geworden. So schliefen wir bei Eltern oder Geschwistern im Bett, denn für ein eigenes reichten weder Platz noch Geld. Unsere Teddys und Puppen bestanden aus alten Uniformen oder Stoffresten. Spielplätze gab es nicht, wir spielten auf der Straße. An Bindfäden schleiften wir irgendwelche Fundstücke hinter uns her – je mehr Lärm das machte, desto besser. Richtige Spielsachen gab es, wenn überhaupt, nur auf dem Schwarzmarkt zu kaufen. So bastelten unsere Mütter Spielzeugeisenbahnen aus Streichholzschachteln, Hampelmänner aus Pappkartons und Puppenkleider aus alten Flicken. Kriegsspielzeug kam vorerst nicht mehr in Kinderhände.

Prominente Fünfundvierziger

10. Jan. ***Rod Stewart*** *(britischer Sänger)*
6. Feb. ***Bob Marley*** *(jamaikanischer Musiker, † 1981)*
30. März ***Eric Clapton*** *(englischer Gitarrist)*
4. April ***Daniel Cohn-Bendit*** *(Politiker und Publizist)*
15. April ***Dagmar Frederic*** *(deutsche Sängerin und Moderatorin)*
26. April ***Winfried Glatzeder*** *(deutscher Schauspieler)*
19. Mai ***Pete Townshend*** *(britischer Musiker und Kopf der Band „The Who")*
24. Mai ***Bärbel Bohley*** *(Bürgerrechtlerin und Malerin, † 2010)*
31. Mai ***Rainer Werner Fassbinder*** *(deutscher Regisseur, Filmproduzent und Bühnenautor, † 1982)*

Franz Beckenbauer.

14. Aug. ***Steve Martin*** *(amerikanischer Schauspieler)*
27. Aug. ***Marianne Sägebrecht*** *(deutsche Schauspielerin)*
11. Sep. ***Franz Beckenbauer*** *(deutscher Fußballspieler)*
30. Okt. ***Andreas Schmidt-Schaller*** *(deutscher Schauspieler)*
12. Nov. ***Neil Young*** *(kanadischer Rockmusiker)*

Trümmerfrauen arbeiten unter Lebensgefahr

Bei Kriegsende liegen vor allem die Städte in Schutt und Asche. Da die Männer verletzt, vermisst oder in Gefangenschaft sind, müssen die Frauen den Wiederaufbau in Angriff nehmen. Die Besatzungsmächte verpflichten im Juni 1945 alle Frauen zwischen 15 und 50 Jahren zu Aufräumarbeiten, die Wochenarbeitszeit beträgt im Schnitt 48 Stunden. Dafür erhalten die Frauen zusätzliche Lebensmittelrationen. Gearbeitet wird mit primitiven Mitteln: Eimern, Brettern und den bloßen Händen. Mörtelreste werden mit dem Hammer von den Ziegelsteinen geklopft, die Steine danach gestapelt. Auch Abrissarbeiten und die Bergung riesiger Balken müssen die Trümmerfrauen übernehmen. Unter unendlichen Mühen und körperlichen Strapazen beladen sie große Pferdewagen, die sie selber ziehen müssen oder sie schieben mit Schutt beladene Loren vor sich her.

Allein in Berlin gibt es 60 000 Trümmerfrauen. Ihre offizielle Bezeichnung lautet „Hilfsarbeiterinnen im Baugewerbe". Sie arbeiten in Kolonnen von zehn bis 20 Personen, die Herkunft spielt keine Rolle. Bei Wind und Wetter rackern sich wohlhabende Damen neben einfachen Arbeiterinnen ab. Immer wieder kommt es bei den Aufräumarbeiten zu schweren Unfällen. So werden in Berlin im November 1945 beim Einsturz einer Giebelwand neun Frauen erschlagen. Durch Bomben und Munitionsfunde sind die Trümmerfrauen zusätzlich gefährdet.

Tag für Tag bargen die Trümmerfrauen aus den riesigen Schuttbergen verwertbares Baumaterial.

Spiele und Streiche zwischen Trümmern

Lieblingsspielplatz Trümmerberg

Auch wenn es die Erwachsenen nicht gern sahen: Unsere Lieblingsspielplätze waren die Trümmerberge. Was mussten dort für Schätze verborgen sein! Immer wieder suchten Menschen in ihren zerstörten Häusern nach Erhaltengebliebenem, und wir halfen ihnen dabei. Wie freuten sich die Ausgebombten, wenn wir in den Trümmern das unbeschädigte Familiengeschirr entdeckten und ablieferten! Manchen Schatz, wie einen verzierten Hirschfänger, der niemandem mehr gehörte, wollten wir allerdings behalten. Ältere Kinder versuchten, uns solche Fundstücke abzuknöpfen.

Rauften wir vorm Haus, verfolgten die Väter das Geschehen gelegentlich vom Fenster aus und hofften insgeheim, ihr Sohn möge gewinnen. Manchmal gab es regelrechte Bandenkriege. Wer sich auf feindlichem Territorium erwi-

Chronik

20. Juni 1948
In den drei westlichen Besatzungszonen wird die D-Mark eingeführt.

23. Juni 1948
Auch in der sowjetischen Besatzungszone findet eine Währungsreform statt. Um die Gründung eines westdeutschen Staates zu verhindern, blockiert die Sowjetunion tags darauf die Zufahrtswege nach Westberlin. Die Westalliierten errichten eine Luftbrücke zur Versorgung der Bevölkerung.

15. November 1948
In Dresden öffnet die erste Verkaufsstelle der staatlichen Handelsorganisation (HO).

13. Dezember 1948
Der Verband Junger Pioniere wird gegründet.

25. Januar 1949
Als sozialistisches Gegenstück zum Marshallplan bildet sich in Warschau der „Rat für gegenseitige Wirtschaftshilfe“. Die DDR wird im September 1950 Mitglied.

12. Mai 1949
Die Sowjetunion beendet die Berlin-Blockade.

23. Mai 1949
Mit der Verkündung des Grundgesetzes wird aus den westlichen Besatzungszonen die Bundesrepublik Deutschland.

7. Oktober 1949
Die Deutsche Demokratische Republik wird gegründet. Wilhelm Pieck ist erster Präsident, Otto Grotewohl Ministerpräsident.

8. Februar 1950
Das Ministerium für Staatssicherheit nimmt seine Tätigkeit auf.

8. November 1950
Bei der stattfindenden Volkskammersitzung wird erstmals öffentlich das Emblem der DDR – ein schwarzer Hammer auf rotem Untergrund, umgeben von einem gelben Ährenkranz – gezeigt. Erst 1953 kommt der Zirkel hinzu.

Gefährliche Kletteraktionen in den Ruinen reizten Mädchen und Jungen gleichermaßen.

schen ließ, riskierte einen Katapult-Treffer aus dem Hinterhalt oder, in seltenen Fällen, sogar ein paar auf die Nase.

Vertrugen wir uns, spielten wir gern „Fischer, wie tief ist das Wasser?“ Wurde uns das zu langweilig, kletterten wir mithilfe einer Räuberleiter aufs Waschhausdach und pflückten von dort aus heimlich die Birnen aus Nachbars Garten. Im Frühjahr sammelten wir Maikäfer. Wir steckten sie in Vaters Zigarrenkiste, bohrten Löcher in den Deckel, zählten, wer

Wir spielten immer draußen.

die meisten hatte und ließen sie wieder fliegen. Manchmal lieferten wir sie auch beim Nachbarn ab, der seine Hühner damit fütterte. Als Dankeschön bekamen wir ein paar Eier. Im Sommer liebten wir es, nur mit der Unterhose bekleidet durch die Pfützen zu rennen, uns im Hof in Wasserbottichen abzukühlen oder gegenseitig vollzuspritzen.

Mit Vorliebe bretterten wir auf unseren Holzrollern über die Straßen. Geschwisterkinder mussten sich oft einen teilen, Streit war vorprogrammiert. Damit Ruhe einkehrte, legten die Mütter fest, dass jeder eine Stunde fahren durfte. Dann war der Nächste dran.

Gern spielten wir in den Trümmern Verstecken, ohne daran zu denken, wie gefährlich das war. Eines Tages krachte einem von uns ein herabfallender Ziegel auf den Kopf. Blutend und bitterlich weinend kam er aus den Trümmern gekrochen. Statt Mitleid zu zeigen, schimpften die Erwachsenen nur. Auch mit Mutter gab es regelmäßig Ärger, denn immer wieder blieben wir mit unseren Sachen in den Ruinen hängen. Dramatisch wurde es, als die neue Kunstlederhose nach drei Tagen einen Dreiangel hatte. Flicken ließ sich das Material nicht, die Hose wurde schließlich geklebt.

Kuchenränder und Kindergarten

Herumtoben machte natürlich auch hungrig. Fast täglich fragten wir in der Bäckerei nach Kuchenrändern. Mit etwas Glück bekamen wir sogar ein ganzes Stück Kuchen vom Vortag geschenkt. Kompliziert wurde es, wenn viele Kinder gleichzeitig in den Laden stürmten. Dann gingen wir Kleinen meistens leer aus, weil uns die Größeren einfach zur Seite schubsten.

Im Kindergarten fanden wir viele neue Freunde.

Irgendwann gingen wir dazu über, uns von unseren Müttern beliefern zu lassen. Eine schaute immer aus dem Fenster. Frech riefen wir ihr zu: „Schmeißt du uns 'ne Bemme runter?" Wenig später sauste meistens ein in Zeitungspapier gewickelter Berg Marmeladen- oder Fettbrote in unsere ausgestreckten Hände. Zufrieden hockten wir auf der Bordsteinkante und mampften.

Obwohl uns nie langweilig gewesen war, freuten wir uns, als wir in den Kindergarten kamen und plötzlich viele neue Freunde hatten. Jeden Morgen frühstückten wir gemeinsam. Es gab belegte Brote und einen Becher Milch – Dinge, die unsere Eltern nur schwerlich jeden Tag beschaffen konnten. Wir gingen gern in den Kindergarten, spielten mit den anderen unter großen Bäumen oder spazierten mit den „Tanten" durch den nahe gelegenen Park. War das Wetter schlecht, sangen und malten wir oder formten mit unseren kleinen Händen Figuren aus Knete. Im Herbst lernten wir viel über die Früchte des Waldes. Wir erfuhren, was Eicheln und Kastanien sind, sammelten sie fleißig und bastelten daraus mithilfe von Streichhölzern kleine Tiere und Männchen.

Mit unseren Erzieherinnen waren wir, so oft es ging, an der frischen Luft.

Auf Klettergerüsten und Wippen tobten wir am liebsten herum.

Abendbrot am großen Tisch

Unser Familienleben spielte sich im Sommer hauptsächlich im Wohnzimmer ab. Dort stand auch das Radio, eine „Goebbelsschnauze" aus Kriegstagen, die fast ununterbrochen lief, wenn nicht gerade Stromsperre war. Höhepunkt war das gemeinsame Abendessen am großen Tisch. Für Mutter bedeutete es jeden Abend eine neue Herausforderung, uns spielende Kinder zusammenzutrommeln. Beim Tischdecken hatten wir Aufgaben übernommen wie Brettchen und Besteck hinlegen oder die Butterdose hinstellen. Wurst und Käse brachte Mutter höchstpersönlich. Zu groß schien ihr die Gefahr, dass auf dem Weg von der Küche zum Wohnzimmer einige Scheiben in unseren hungrigen Bäuchen verschwinden könnten.

Nachdem wir beim Tischdecken geholfen hatten, schauten wir erwartungsvoll, was Mutter wohl servieren würde.

Im Herbst, wenn es allmählich kühl wurde, holten wir die Doppelfenster vom Dachboden. Sie mussten außen an der Hausfassade eingehängt werden. Die eingemauerten Haken waren schwer zugänglich und nicht nur einmal rutschte Vater bei dieser Aktion ein Fensterflügel aus der Hand. Die gemeinsamen Mahlzeiten fanden nun in der Küche statt, dem wärmsten Raum in der Wohnung.

Adolf Hennecke wird
Vorreiter der Aktivistenbewegung

Mit 43 Jahren übererfüllt der Bergarbeiter Adolf Hennecke am 13. Oktober 1948 in Zwickau sein Arbeitssoll um sagenhafte 387 Prozent. Seine gut vorbereitete Sonderschicht verlangt den Bergarbeitern nun höhere Leistungen bei gleichem Lohn ab. Hennecke ist SED-Mitglied und gilt fortan als Vorbild der Aktivistenbewegung. Später wird er leitender Mitarbeiter der Staatlichen Plankommission der DDR und Mitglied des ZK der SED. Er stirbt 1975 in Berlin.

Adolf Hennecke bei seiner Arbeit unter Tage.

Angst vorm Weihnachtsmann

Heiligabend quetschten wir Kinder uns alle aufs Küchensofa. Wir saßen wie die Orgelpfeifen und harrten ängstlich der Dinge, die uns erwarteten. Ob der Weihnachtsmann die Rute mitbringen würde? Gemeinsam mit den Eltern und der Großmutter hatten wir im Wohnzimmer

Mit dem neuen Feuerwehrauto ließen wir uns nur zu gern fotografieren.

Mit dem Wunschzettel für den Weihnachtsmann gaben wir uns viel Mühe.

neben dem bescheiden geschmückten Tannenbaum (Malz-)Kaffee getrunken. Nun legten die Erwachsenen unsere Geschenke unter den Baum und hatten uns deshalb in die Küche verbannt. Wir hatten Respekt vorm Weihnachtsmann und zuckten zusammen, als er an die Wohnungstür wummerte. Glücklicherweise blieb die gefürchtete Rute trotz unserer Streiche im Sack. Wir schmetterten erleichtert „Oh Tannenbaum" und durften endlich in die gute Stube.

Unsere Eltern hatten sich alle Mühe gegeben, unsere Wünsche zu erfüllen, dennoch waren die Geschenke bescheiden. Der selbst gebaute Kaufmannsladen vom letzten Jahr hatte einen neuen Anstrich und eine Lieferung Waschmittel, Liebesperlen und Würstchen bekommen. Die Mädchen freuten sich über ein neues Kleid für die Puppe. Das schönste Geschenk war ein von Vater gebastelter kleiner Bauernhof mit Weidezäunen und Tierfiguren.

Tränen beim Schlafengehen

Diskussionen und manchmal sogar Tränen gab es, wenn das Schlafengehen bevorstand. Mutter hatte in der Küche die Waschschüssel vorbereitet, der Reihe nach waren wir dran. Jeder wollte der Letzte sein, denn das bedeutete, am längsten aufzubleiben, noch ein bisschen Radio zu hören oder mit Vater zu schwatzen. Wir sahen ihn selten, weil er die meiste Zeit auf Arbeit war. Waren wir sauber und trocken gerubbelt, ging es hinein ins Nachthemd und ab ins Bett. Doch selbst wenn wir in den Betten lagen, war noch lange nicht Ruhe. Wir erzählten uns Witze oder schalteten heimlich das Licht wieder an. Für Gute-Nacht-Geschichten fehlte unseren Eltern meistens die Kraft. Lasen sie doch einmal vor, lauschten wir andächtig. Am liebsten den Geschichten vom Struwwelpeter.

Die Toilette unserer Wohnung befand sich eine halbe Treppe tiefer. Im Winter war es dort eisig kalt, und wir mussten aufpassen, dass die Bleirohre nicht einfroren. Wir umwickelten sie mit Zeitungen und Stofffetzen und tauten sie, wenn sie doch eingefroren waren, mit Salzwasser wieder auf. Die Wand unseres unbeheizbaren Kinderzimmers zierten im Winter Eisblumen. Im Krieg war das Nachbarhaus zerbombt worden, die fehlende Isolierung machte sich bemerkbar.

Einmal in der Woche war Badetag. Drei Tage vorher ließ sich Mutter im Badehaus einen Termin geben. Wir mussten zehn Minuten eher da sein, uns schnell ausziehen und standen splitterfasernackt mit Brausetablette oder Seife bereit, wenn die Badefrau die frisch eingelassene Wanne freigab. Wie gern wären wir einmal richtig lange im Wasser geblieben, aber die Nächsten warteten schon.

Geteiltes Leid ist halbes Leid: Die Jungen hassten es, im Winter unter ihren kurzen Hosen Leibchen tragen zu müssen.

Verhasste Leibchen im Winter

Im Sommer wie im Winter trugen wir kurze Hosen. Wurde es kälter, zog uns Mutter Leibchen an. Wir Jungen hassten diese Dinger mit den Strumpfhaltern, an denen lange wollene Strümpfe befestigt wurden. In vielen Familien reichte das Geld nicht für lange Hosen, wir waren bei Weitem nicht die einzigen Leibchenträger.

Trotzdem schämten wir uns in diesem, wie wir fanden, mädchenhaften Aufzug. Kinderreichen und bedürftigen Familien griff zunehmend die Volkssolidarität unter die Arme. Regelmäßig kamen die Mitarbeiter mit einem großen Sack voller Kleiderspenden, und jedes Familienmitglied durfte sich ein Stück aussuchen. Am wichtigsten erschien unseren Müttern nach wie vor, uns zu höflichen Menschen zu erziehen. Wehe, wenn wir vergaßen, Danke zu sagen oder jemanden zu grüßen! Mutters Lieblingsspruch war: „Sagt gefälligst ‚Guten Tag', der Mund fällt euch danach von alleine wieder zu!" Selbstverständlich hielten wir Erwachsenen die Türen auf, obwohl es unseren kleinen Körpern nicht leichtfiel, sich gegen die schweren Haustüren zu stemmen. Ältere Damen brauchten oft eine Weile, ehe sie heran waren. Insgeheim dachten wir: „Mann, geht die langsam!" Nur gut, dass Mutter keine Gedanken lesen konnte.

Defa-Filme erobern die Herzen der Zuschauer

1950 erlebt der erste DEFA-Farbfilm „Das kalte Herz" nach dem Märchen von Wilhelm Hauff in Berlin seine Premiere. Jung und Alt sind von der fantastisch-unheimlichen Atmosphäre und den schönen Naturaufnahmen des Filmes fasziniert. Regisseur ist der Münchner Paul Verhoeven. Bei den Internationalen Filmfestspielen in Karlovy Vary wird „Das kalte Herz" 1951 als bester Farbfilm ausgezeichnet.

Ein Jahr später, am 2. Juli 1952, schlägt die Geburtsstunde des DDR-Fernsehens. Erstmals wird im Rahmen eines inoffiziellen Versuchsprogramms die „Aktuelle Kamera" ausgestrahlt. Am 21. Dezember 1952 moderiert Herbert Köfer das erste offizielle Programm des DFF. Die Sendungen, die werktags von 20 bis 22 Uhr und sonntags von 16 bis 18 Uhr zu sehen sind, können zunächst nur an 75 Fernsehapparaten verfolgt werden.

Einen Tag vorm Heiligabend des Jahres 1953 feiert der Defa-Film „Der kleine Muck" seine Kinopremiere. Das Märchen von Wilhelm Hauff wurde mit einem für damalige Verhältnisse großen Aufwand verfilmt. Dieser sollte sich lohnen: Dank der schönen Kulissen und der bewegenden Darstellung des damals elfjährigen Thomas Schmidt (für den es die einzige nennenswerte Kino-Rolle bleiben sollte) wird „Die Geschichte vom kleinen Muck" in der DDR nicht nur der erfolgreichste Film aller Zeiten, sondern auch der größte cineastische Export-Schlager. Weihnachten 1955 läuft der Film erstmals in den westdeutschen Kinos. Mehr als 13 Millionen Menschen sehen den „kleinen Muck" weltweit.

Sowjetsoldaten und Tante Emma

In den Städten waren öfter Rotarmisten zu sehen, meistens ein Offizier mit einigen Soldaten im Gefolge. Die Russen, wie wir sie nannten, waren zu uns Kindern immer sehr freundlich. In unserer Nachbarschaft ließen sie ihre Gulaschkanonen reparieren. Oft stand der ganze Hof voll. Neugierig lugten wir über den Holzzaun, beobachteten die Soldaten und tauchten schnell ab, wenn sie uns entdeckt hatten und angrienten. Manche versuchten, in gebrochenem Deutsch mit uns ins Gespräch zu kommen. War niemand auf dem Gelände zu sehen, kletterten wir hinüber, schlichen zwischen den Gulaschkanonen herum und durch so manche Ölpfütze.

Zum Einkaufen begleiteten wir Mutter nur dann gern, wenn für uns etwas abfiel. Zum Fleischer wollten immer alle mit, weil die nette Verkäuferin uns Kindern stets eine Scheibe Wurst schenkte. Beim Milchmann gab es nichts zu holen, wir mussten nur die schweren Milchkannen schleppen. Hatte der Gemüsemann nach langer Zeit mal wieder eine Fuhre Blumenkohl erhalten, sprach sich das wie ein Lauffeuer herum. Innerhalb weniger Minuten standen 30, 40 Frauen vor dem Geschäft. Nahm uns Mutter mit, langweilten wir uns schrecklich, denn wenn die Erwachsenen sprachen, hatten wir still zu sein.

Die größte Anziehungskraft hatte der Tante-Emma-Laden. Dort gab es ein riesiges Bonbonglas, und wir wussten genau: Am Ende jedes Einkaufs greift der Ladenbesitzer hinein und schenkt uns eines. Wie strahlten dann unsere Augen! Artig bedankten wir uns und freuten uns schon auf den nächsten Einkauf.

Die DDR-Flagge.

Die DDR wird gegründet

Auf dem Gebiet der sowjetischen Besatzungszone wird am 7. Oktober 1949 die Deutsche Demokratische Republik gegründet. Unter der Leitung von Wilhelm Pieck bildet sich aus dem Volksrat die Volkskammer, in der die SED die dominierende Partei ist. Wilhelm Pieck wird Präsident, Otto Grotewohl Ministerpräsident des „sozialistischen Arbeiter- und Bauernstaates". Eigentlicher Machthaber ist Walter Ulbricht, der 1950 den neu geschaffenen Posten des Generalsekretärs des Zentralkomitees der Sozialistischen Einheitspartei Deutschlands einnimmt und damit de facto Parteichef ist.

Hoffeste und Kremserfahrten

Großen Spaß machten uns die Hoffeste, zu denen sich die Hausbewohner bei schönem Wetter spontan zusammenfanden. Irgendjemand saß zuerst da, rief dem Nachbarn zu „Komm' runter", und plötzlich war der ganze Hof voller Menschen. Jeder brachte etwas mit: eine Wurst, eingelegtes Gemüse, Brot und Wein. Stand alles auf dem Tisch, wurde beherzt zugegriffen. Wir Kinder spielten unter den Bäumen und beobachteten feixend unsere ausgelassen singenden Eltern. Eines Tages parkte vor der Einfahrt ein Mercedes. Uns standen die Münder offen: Jemand hatte Westbesuch! Wir schlichen so lange um das Auto, bis der Besitzer auftauchte und bettelten so lange, bis jeder eine Runde mitgefahren war. Ein unvergessliches Erlebnis!

Unser Obst bezogen wir aus dem Schrebergarten. Bananen und Orangen kannten wir nur vom Hörensagen. In der Stadt glich ein Garten einem Fünfer im Lotto. Selbst im Winter versorgte er die Menschen mit Äpfeln und Birnen, die fein säuberlich in Holzstiegen im Keller lagerten. Uns war dieser Luxus nicht bewusst. Wir waren genervt, dass die Eltern uns ständig auf die Straße schickten, um Pferdeäpfel einzusammeln – wertvoller Dünger, den wir eklig fanden. Trotzdem experimentierten wir gern auf unserem Kinderbeet und freuten uns, wenn aus Radieschensamen kleine Pflänzchen wuchsen. Den Gartenfesten mit Kremserfahrt und Tombola fieberten wir schon Wochen vorher entgegen. Unsere Eltern vertrauten uns dann Sammelkarten an, mit je einem Gutschein für Bockwurst, Losbude und Karussell. Mindestens genauso aufregend fanden wir die Sprengaktionen, mit denen immer wieder einsturzgefährdete Häuser aus dem Stadtbild verschwanden. Im Eiltempo sprachen sich geplante Sprengungen herum, und es setzte eine regelrechte Völkerwanderung ein. Niemand wollte sich entgehen lassen, wie die Ruinen – auch hohle Zähne genannt – mit lautem Knall in sich zusammenfielen.

Im Kindergarten wurden wir

Staunend hörten wir zu, wenn die Erwachsenen uns etwas erklärten.

Die Karussellfahrt beim Gartenfest war Pflicht!

allmählich auf unsere Einschulung vorbereitet. Wir lernten erste Buchstaben und Zahlen und konnten inzwischen sogar ein wenig mit Geld umgehen. An Mutters Geburtstag legten wir Geschwister unsere bescheidenen Ersparnisse zusammen und kauften ihr ein paar Hängeohrringe. Sie legte sie an und begann zu weinen. Wir waren irritiert und glaubten, ihr täten die Ohrringe weh. Dabei weinte Mutter vor Rührung!

Der Ernst des Lebens beginnt

Die Zuckertüten waren fast so groß wie wir.

Watte in der Zuckertüte

Endlich war es so weit – wir kamen in die Schule! Am Tag vorm Schulanfang gingen wir zum Probesitzen in unseren zukünftigen Klassenraum. In der Nacht konnten die meisten vor Aufregung kaum schlafen. Wir waren stolz, endlich Schulkinder zu sein. Oma hatte für den großen Tag allen Geschwistern gleiche Hemden und Hosen genäht. Sie fand das schick. Am nächsten Morgen gingen wir in Familie zur Schule. Auf dem Hof nahmen uns ältere Kinder – Pioniere – an die Hand. Gemeinsam mit ihnen stellten wir uns zum Appell auf.

Chronik

8. Oktober 1951
Bis auf Fleisch, Fett und Zucker werden die Lebensmittelrationierungen aufgehoben.

1.–13. Mai 1952
Zum ersten Mal führt die Friedensfahrt durch die DDR. Die sechs DDR-Sportler belegen den dritten Platz in der Mannschaftswertung.

16. Juli 1952
Wilhelm Pieck eröffnet am Werbellinsee nördlich von Berlin die nach ihm benannte Internationale Pionierrepublik.

7. August 1952
Die Gesellschaft für Sport und Technik (GST) wird als Massenorganisation für vormilitärische Ausbildung und zur Förderung von Wehrsportarten gegründet.

21. Dezember 1952
Der Deutsche Fernsehfunk (DFF) sendet ein erstes Versuchsprogramm.

5. März 1953
Der sowjetische Staats- und Parteichef Josef Stalin stirbt an den Folgen eines Schlaganfalles.

9. April 1953
Die Rationierung von Schuhen und Textilien wird aufgehoben.

28. Mai 1953
In der DDR wird eine Erhöhung der Arbeitsnormen um 10 Prozent angeordnet. In der Bevölkerung entstehen Unruhen.

17. Juni 1953
Aus Streiks gegen die Normerhöhungen wird ein Volksaufstand gegen die DDR-Regierung. Volkspolizei und Rote Armee schlagen den Aufstand blutig nieder, Dutzende Demonstranten kommen ums Leben.

4. Juli 1954
Die westdeutsche Fußball-Nationalmannschaft wird völlig unerwartet Weltmeister. Das Finalspiel gegen Ungarn geht als „Das Wunder von Bern“ in die Geschichte ein.

23. Juli 1954
Otto John, Präsident des Bundesverfassungsschutzes, erklärt öffentlich seinen Übertritt in die DDR.

Gegenüber standen Eltern, Geschwister, Verwandte. Uns wurden der Direktor und die Lehrer vorgestellt und anschließend alle Kinder namentlich aufgerufen. Klassenweise fanden wir uns zusammen und bekamen endlich die großen Zuckertüten überreicht. Mit ihnen quetschten wir uns durch die Tür des Schulgebäudes und stürmten in die Klassenräume. Die Bänke kannten wir ja vom Probesitzen.

Der Lehrer stellte sich noch einmal vor und erklärte freundlich, was in den nächsten Monaten auf uns zukommen würde. Immer wieder kippte zwischendurch eine der Zuckertüten um, die wir an die Bänke gelehnt hatten. Und siehe da – einige Eltern hatten aus der Not heraus getrickst: Die untere Hälfte der Tüte war bei manchen mit Watte oder Holzwolle ausgestopft, nur oben lagen Süßigkeiten. Diese Tüten hatten allerdings den Vorteil, dass sie nicht so schwer waren und sich leichter aufheben ließen. Den Nachmittag verbrachten wir zu Hause und mit Fotografieren: wir mit Zuckertüte oder wir mit Zuckertüte und Familie. Damit kein Neid aufkam, hatten unsere Geschwister ebenfalls kleine Zuckertüten bekommen. Mutter hatte mehrere Blechkuchen gebacken, und jeder Nachbar, der ein kleines Geschenk für uns vorbeibrachte, bekam ein Stück Kuchen mit auf den Nachhauseweg.

Das erste gemeinsame Klassenfoto!

Schiefertafeln und Tintenkleckse

Jedes Klassenzimmer zierte ein Porträt von Wilhelm Pieck. Im Schulflur hingen Lenin und Stalin. Bänke und Stühle waren eins, sie waren alt und abgegriffen. Die Tischplatte hatte eine Aussparung fürs Tintenfass, und wer Glück hatte, fand sogar eines darin vor. In einer Rille war Platz für Lineal und Stifte. Zunächst schrieben wir allerdings auf Schiefertafeln. Auf der einen Seite waren Zeilen vorgezeichnet, auf der anderen Kästchen. Damit der Griffel nicht verloren ging, wurde er mit einem Faden an der Tafel festgebunden. Wollten wir den Lehrer ärgern, drückten wir so stark auf, dass es quietschte. Erst ab der zweiten Klasse schrieben wir auf Papier, zunächst mit Bleistift, dann mit Federn. Wenn wir zu stark aufdrückten, verzierte ein riesiger Klecks das Blatt.

Bis zu 35 Kinder lernten in einem Raum. Die meisten hatten einen weiten Schulweg. In den Städten waren noch viele Schulhäuser zerstört und auf dem Land gab es nicht in jedem Dorf eine Schule. Unterrichtsbeginn war 7.30 Uhr. Während Mutter

Viele von uns hatten nach Schulschluss einen weiten Fußmarsch nach Hause vor sich.

uns in der Küche Brote schmierte, tranken wir eine Tasse Malzkaffee. Dann machten wir uns auf den Weg.

In der Schule lernten wir Völkerball kennen, ein Spiel, bei dem es darauf ankommt, mit dem Ball die Mitglieder der gegnerischen Mannschaft abzuschießen. Eines Tages hieß Völkerball plötzlich Zweifelderball, weil die sozialistischen Völker sich nicht gegenseitig abschießen würden, wie uns der Lehrer erklärte. Im Fach Heimatkunde wurden wir mit heimischen Pflanzen und Tieren und den Ländern der Erde vertraut gemacht. Zur Handarbeitsstunde gab es geteilte Meinungen: Die Mädchen liebten Häkelarbeiten und ihre „Strickliesel". Wir Jungen fanden es albern, zu stricken oder Knöpfe anzunähen. Zum Glück übernahmen diese Arbeiten zu Hause weiterhin unsere Mütter.

Murmeln machten uns großen Spaß. Waren die Hausaufgaben erledigt, ging es sofort auf die Straße zum Spielen.

Backpfeife vom Lehrer

Unsere Lehrer waren fast alle zwischen 50 und 60 Jahre alt und noch vom alten „Schrot und Korn". Wer nicht spurte, bekam mit dem Zeigestock ein paar auf die Finger, die Ohren lang gezogen oder eine Backpfeife verpasst. Der Hausmeister, ein Kriegsversehrter mit Holzbein, kannte keine Gnade, wenn er uns beim Versteckspielen im Keller der Schule erwischte. Er drohte uns mit einer Holzlatte und brüllte so laut, dass selbst dem Direktor das Blut in den Adern gefror. Bei unseren regelmäßigen Raufereien waren wir nicht zimperlich und auf Mädchen wurde keine Rücksicht genommen.

Im Winter war es oft bitterkalt in den Klassen, weil Kohlen fehlten oder die Heizung defekt war. War es gar nicht auszuhalten, bekamen wir kältefrei. Immer wieder baten die Lehrer, jeder Schüler möge von zu Hause ein Stück Kohle mitbringen, damit der Unterricht wieder aufgenommen werden könnte.

Als unerhörte Beschneidung unserer kostbaren Freizeit empfanden wir Hausaufgaben. Fragten die Eltern danach, schwindelten wir gern und behaupteten, wir hätten keine. Wehe, wenn Mutter die Hefte kontrollierte und uns beim Lügen ertappte! Lästige Pflicht war auch das Ranzenaufräumen. Meistens packten wir die Sachen für den nächsten Tag gleich nach Schulschluss hinein, und ab ging es zum Spielen.

Wilhelm Pieck, der Präsident der DDR, beim Besuch eines Pionierlagers. Nach ihm wurde in der Nähe von Berlin eine Pionierrepublik benannt.

Pionierrepublik und -eisenbahn

Am 13. Dezember 1948 wird in der Sowjetischen Besatzungszone die Pionierorganisation gegründet. 1952 erhält sie den Namen „Ernst Thälmann". Fast alle DDR-Kinder werden durch ein feierliches Gelöbnis, das „Pionierversprechen", an einem 13. Dezember Mitglied. Ältere Pioniere binden ihnen während der Aufnahmefeierlichkeiten das dreieckige blaue Halstuch um, für das es einen speziellen Pionierknoten gibt. Zu besonderen Anlässen wird zum Tuch eine weiße Bluse getragen. Jeder Pionier erhält einen Pionierausweis. Ziel der Massenorganisation ist es, die Heranwachsenden zu „jungen Sozialisten" zu erziehen. Dies geschieht durch vielfältige Aktivitäten – vom Pioniernachmittag über gemeinsam zu bewältigende „Pionieraufträge" (Altstoffsammlung, Timurhilfe, Pflege von Grünanlagen usw.) bis hin zu großen Pioniertreffen.

Die erste Pioniereisenbahn mit einer Streckenlänge von sechs Kilometern wird am 1. Mai 1951 in Dresden übergeben. Später folgen elf weitere.

Am 16. Juli 1952 weiht Wilhelm Pieck am Werbellinsee bei Berlin die nach ihm benannte Pionierrepublik ein. Etwa 1000 von ihren Schulen delegierte Pioniere können hier gleichzeitig ihre Ferien verbringen. Auch Kinder ausländischer kommunistischer Jugendorganisationen besuchen die Pionierrepublik.

Nach Schulschluss wird herumgetobt

Mit zunehmendem Alter wuchs unser Einzugsgebiet: Neben Parks wurden auch Bahndämme und Brücken zu Abenteuerspielplätzen. Wie gern beobachteten wir die heranschnaufenden Dampflokomotiven und rannten, wenn sie endlich auf unserer Höhe waren, nebenher, nur um in die Dampfwolke zu gelangen! Schwarz wurden wir davon nicht, aber wir rochen herrlich nach Qualm und lachten über diesen Unfug.

Autos waren auf den Straßen nur selten zu sehen. Aufgeregt liefen wir herbei, wenn der Kohlenmann mit seinem grünen Traktor „Pionier" durchs Viertel tuckerte. Eine ganze Meute flitzte nebenher, und jeder bettelte darum, auf dem Notsitz ein Stück mitfahren zu dürfen. Der Kohlenhof wurde von zwei Doggen bewacht, die laut bellten, wenn wir dort herumschlichen. Meistens schaute dann die Frau des Kohlenmannes aus dem Fenster und rief freundlich: „Nun kommt schon herein." Dann durften wir die schönen Hunde streicheln. Natürlich spekulierten wir heimlich darauf, dass der Kohlenmann noch eine Fuhre machen und uns mitnehmen würde.

Wie fast alle Kinder wurden wir an einem 13. Dezember in die Pionierorganisation aufgenommen. Wir bekamen ein blaues Pionierhalstuch und jede Klasse einen Pionierwimpel. Spaß machten die Pioniernachmittage, bei denen wir uns zu Gesellschaftsspielen trafen oder Arbeitsgemeinschaften wie Modellbau, Zoologie oder Nadelarbeit besuchten.

Familien gehen in den Westen

In den Klassen fehlten neuerdings Kinder. Über Nacht ging unsere Banknachbarin „verloren", die Familie hatte sich in den Westen abgesetzt. Ein paar Wochen später kam mit der Post ein herrlich duftendes Westpaket.

Fähnchen in die Hand und auf zur Demo!

III. Pioniertreffen in Halle in den 50er Jahren. Zu sehen ist eine Sportgruppe auf dem Lutherplatz.

Die Banknachbarin hatte uns nicht vergessen und Bonbons, Schokolade und eine Kokosnuss geschickt! Andere Kinder bekamen von „abgehauenen" Verwandten Jeans geschickt und gaben damit ordentlich an.

Vor allem wohlhabendere Familien verließen die DDR. Wir ärmeren Kinder konnten das nicht verstehen. In unseren Augen hatten sie doch alles, und dann ließen sie das meiste auch noch zurück! Erst viel später begriffen wir, was so viele Menschen zum Gehen bewogen hatte.

Mit den Eltern oder der Klasse gingen wir nun regelmäßig am 1. Mai zu den Aufmärschen von FDJ, Kampfgruppen und den verschiedenen Betrieben. Weder Mutter noch Vater hatten Lust dazu, doch wir Kinder fanden diese Menschenaufläufe mit Musikkapellen und Fahnen aufregend. Oft war es Anfang Mai schon warm und wir durften das erste Mal beinfrei, also ohne das verhasste Leibchen und nur mit weißen Socken, an die frische Luft. Waren die Kundgebungen vorbei, gingen die Familien gemütlich spazieren.

Fahrradteile vom Schrotthändler

Anfang der 1950er-Jahre verschwanden die letzten Trümmer von den Straßen. Auf den freien Flächen wurden Wiesen angelegt und Bäume gepflanzt. Auch wir setzten Bäumchen ein. Der Abschnittsbevollmächtigte schimpfte wie ein Rohrspatz, wenn er uns beim Fußballspielen auf dem frisch angepflanzten Rasen sah. Erwischte er uns mehrmals nacheinander, mussten unsere Eltern Strafe zahlen – für kinderreiche Familien gab es allerdings Rabatt. Wir wichen an andere Plätze aus und funktionierten die breiten Kellerfenster der Kirche zum Tor um. Sie waren zugemauert, Schaden konnten wir dort nicht mehr anrichten.

Nun, wo wir „groß" wurden, wollten wir unsere Roller gegen Fahrräder tauschen. Wir schraubten sie meistens aus Einzelteilen zusammen, der Schrotthändler war uns dabei eine große Hilfe. Nur wenige Kinder, wie die vom Fleischer oder Milchmann, bekamen von ihren Eltern ein Rad gekauft oder zu Weihnachten neue Ski oder Schlittschuhe geschenkt. Wir weniger Begüterten fischten diese Dinge halb kaputt aus dem Schrott und reparierten sie.

Nach der Schule halfen wir in der Fleischerei gelegentlich beim Aufkleben der Lebensmittelmarken und heimsten dafür eine kräftige Wurstsuppe ein.

Wo jahrelang Trümmer gelegen hatten, wurden nun Bäume gepflanzt. Wir halfen dabei.

Auch anderswo machten wir uns gern nützlich. Für den Nachbarn holten wir Zigaretten, oder wir trugen der Oma von gegenüber die Einkäufe hoch. Als Dankeschön erhielten wir Bonbons oder ein paar Pfennige, von denen wir uns im nächsten Laden Lutscher kauften. Wir Kinder hielten zusammen, Kameradschaft wurde großgeschrieben. Die, die mehr hatten, gaben in der Regel bereitwillig ab. So erhielten auch die Mädchen und Jungen, denen niemand Westpakete

Ältere Geschwister halfen uns, wenn das klapprige Fahrrad mal wieder repariert werden musste.

schickte, ab und zu buntes Spielzeug, und wir staunten, dass Margarinedosen aus dem Westen kleine Figuren oder Bastelsachen enthielten. Die Kindergeburtstage waren stets ein tolles Erlebnis – gab es bei anderen doch oft mehr zu Naschen als zu Hause.

Allmählich ging es den Menschen besser, und viele von uns bekamen weitere Geschwister. Wenn bei Mutter die Wehen einsetzten, wurden wir zum Spielen auf die Straße geschickt. War das Baby da und die Hebamme verließ das Haus, durften wir wieder hochkommen. Dann traten wir zu unserer erschöpften Mutter ans Bett und bestaunten das eingewickelte Neugeborene, von dem fast nichts zu sehen war. Wenige Monate später begann der Streit (der Jahre dauern sollte), wer auf das kleine Geschwisterkind aufpasst. Lust hatte keiner von uns, wir wollten lieber mit unseren Freunden herumtoben.

Kartoffelkäfer als Propagandamittel

In den Nachkriegsjahren vermehren sich die Kartoffelkäfer in der Sowjetischen Besatzungszone sprunghaft. Um 1950 ist fast die Hälfte aller Kartoffelfelder befallen. Die DDR-Führung bekommt das Problem nicht in den Griff und nutzt die Plage im Kalten Krieg zu propagandistischen Zwecken. Sie behauptet fälschlicherweise, dass in den USA gezüchtete Käfer durch amerikanische Flugzeuge gezielt abgeworfen würden, um die sozialistische Landwirtschaft zu sabotieren. Das gleiche Argument hatte im Zweiten Weltkrieg bereits das NS-Regime gebraucht.

Zehntausende DDR-Bürger werden aufs Land geschickt, um die „Saboteure in amerikanischen Diensten" einzusammeln. Wenige Monate später ist der Spuk vorbei. Beweise für den Abwurf der Kartoffelkäfer bleibt die DDR-Propaganda schuldig. Interne Dokumente beweisen inzwischen: Die DDR hatte bei der Bekämpfung der sich anbahnenden Kartoffelkäferplage schlichtweg versagt.

In Berlin und anderen Städten der DDR herrschten am 17. Juni 1953 kriegsähnliche Zustände. Mit Waffengewalt wurde der Volksaufstand niedergeschlagen.

Panzer rollen durch die Städte

Im März 1953 erschütterte eine Nachricht die DDR: Stalin war gestorben. Wir erfuhren in der Schule vom Tod des „großen Staatsmannes der Sowjetunion“ und hielten eine Gedenkminute ab. Auf dem Nachhauseweg fielen uns an den Zeitungskiosken die riesigen Schlagzeilen und Fotos auf. Unsere Lokalzeitung hatte dem Genossen Stalin die gesamte erste Seite gewidmet. Seine Statue verschwand später über Nacht aus der Innenstadt. Zurück blieb ein leerer Sockel.

Drei Monate später, am 17. Juni, schien die DDR vollends aus den Fugen zu geraten. Aufgebrachte Menschenmassen versammelten sich in den Städten, Qualmwolken zogen über die Hausdächer. In den Straßen rollten sowjetische Panzer. In Leipzig hieß es: Die Innenstadt brennt! Unsere Eltern waren in Aufruhr, sie wollten nicht schon wieder Krieg und brennende Häuser.

Wir Kinder verstanden damals nicht, worum es ging. Tage später schlichen wir mit großen Augen zu den Plätzen, auf denen Abdrücke von Panzerketten zu sehen waren. In der Schule wurde uns erklärt, dass der Westen Einfluss auf die DDR nehmen wollte. Uns wurde von Sabotageakten erzählt, dass der Westen unsere Bauernhöfe anbrennen, die Industrie zerstören und Straßenbahnen entgleisen lassen wollte. Amerikanische Flugzeuge hatten angeblich Kartoffelkäfer über unseren Feldern abgeworfen. Wir wurden vom Unterricht freigestellt, um die Schädlinge einzusammeln. Kurzum: Der Westen störte Ruhe und Frieden. Natürlich fanden wir das nicht in Ordnung, aber eigentlich hatten wir andere Dinge im Kopf. Zum Beispiel, wann wir endlich eine echte Lederhose bekommen würden und wohin der nächste Ausflug geht.

Das Volk begehrt auf

Aus Protest gegen eine Erhöhung der Arbeitsnormen um 10,3 Prozent treten am 16. Juni 1953 Ostberliner Bauarbeiter in Streik. Die Streiks weiten sich am nächsten Tag auf die gesamte DDR aus und erfassen rund 600 Betriebe und über 400 Orte. Mehr als eine halbe Million Menschen begehren auf – aus anfänglichen Streiks ist ein Volksaufstand geworden. Die Menschen fordern den Rücktritt der Regierung, freie Wahlen, die Abschaffung der Zonengrenzen und die Freilassung politischer Gefangener.

Die sowjetischen Stadtkommandanten verhängen in 167 Städten und Landkreisen den Ausnahmezustand. Noch am selben Tag schlagen Volkspolizei und sowjetische Truppen den Aufstand mit Waffengewalt nieder. Mindestens 21 Menschen kommen dabei ums Leben. Tausende „Rädelsführer“ und „Provokateure“ werden verhaftet. Am 21. Juni zieht das ZK der SED die geplante Normerhöhung zurück und beschließt eine Anhebung der Mindestrenten sowie eine Beschleunigung des Wohnungsbauprogrammes.

Das Leben normalisiert sich

Das Gestalten der Wandzeitung war fester Bestandteil des Schulalltages.

Wandzeitung und Altpapier

In der Schule lernten wir nun auch Physik, Chemie, Biologie und Russisch. Regelmäßig gestalteten wir die Wandzeitung, die in jedem Klassenzimmer hing. Einmal im Monat bekamen wir ein Thema vorgegeben, es ging um Pflanzen und Tiere, Naturschutz oder den letzten Besuch im Zoo. Politische Themen waren noch relativ selten. Wir sammelten

Chronik

27. März 1955
In Ost-Berlin finden die ersten Jugendweihen statt.

14. Mai 1955
Als Gegenstück zur Nato schließen die sozialistischen Staaten den „Warschauer Pakt“.

9.–13. September 1955
Bundeskanzler Konrad Adenauer besucht die Sowjetunion und ermöglicht die Rückführung der letzten deutschen Kriegsgefangenen.

26. September 1955
Per Gesetz werden Hammer und Sichel im Ährenkranz zum Staatswappen der DDR erklärt, die Farben der Staatsflagge sind schwarz-rot-gold. Erst 1959 wird das Wappen Bestandteil der Flagge.

3. Januar 1956
Der Deutsche Fernsehfunk geht offiziell auf Sendung.

18. Januar 1956
Die Volkskammer beschließt die Gründung der Nationalen Volksarmee.

4. November 1956
Nachdem Ungarn seinen Austritt aus dem Warschauer Pakt erklärt hat, rücken in Budapest sowjetische Panzer ein. Tausende Menschen kommen während wochenlanger Kämpfe ums Leben.

13. Oktober 1957
In der DDR werden neue Geldscheine eingeführt.

7. November 1957
Die Produktion des Trabant P 50 beginnt.

2. Januar 1958
Laut Gesetz müssen bei Tanzveranstaltungen mindestens 60 Prozent der Titel von Ost-Komponisten stammen. Damit soll die „westliche Dekadenz“ bekämpft werden.

29. Mai 1958
Die Lebensmittelkarten werden abgeschafft.

30. August 1958
Gustav Adolf Schur erkämpft im französischen Reims seinen ersten Weltmeistertitel im Straßenrennen der Amateure.

Im Biologieunterricht.

Zeitungsausschnitte, Bilder oder Fotos zum Thema und gestalteten Texte dazu. Hing ein von uns beigesteuertes Bild an der Wandzeitung, standen wir mit stolzgeschwellter Brust davor und riefen: „Das ist von mir!“

In den Schulen hingen auch Listen für die Timurhilfe aus – Adressen alter Leute, denen wir beim Kohlenhochtragen oder Einkaufen helfen sollten. Während der Pioniernachmittage fanden sich stets drei, vier Freiwillige, die diese Aufgaben übernahmen. Mit Pionierbluse und -halstuch gingen wir auch regelmäßig gemeinsam Altstoffe sammeln. Wer das meiste in der Schule ablieferte, wurde öffentlich gelobt und ab einer bestimmten Menge gab es als Auszeichnung das Rumpelmännchen-Abzeichen.

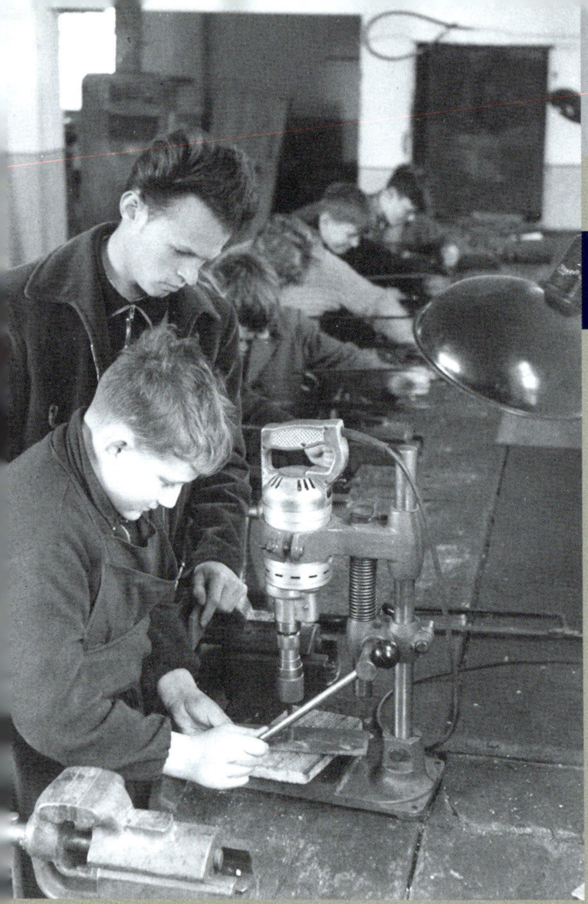

Der Unterrichtstag in der sozialistischen Produktion war eine willkommene Abwechslung.

Kältefrei und Tiritomba

Noch immer war im Winter die Beheizung der Unterrichtsräume ein Problem. Oft blieb die Hälfte der Zimmer kalt, sodass wir ab und zu in anderen Schulen einquartiert wurden. Fiel der Unterricht ganz aus, gaben uns die Lehrer Aufgaben mit nach Hause. Dann saßen wir in der Küche und grübelten gemeinsam mit unseren Geschwistern über den Heften. Eine willkommene Abwechslung war der Unterrichtstag in der sozialistischen Produktion, kurz UTP genannt. Jede Klasse arbeitete in irgendeinem Betrieb. Schon die Anfahrt mit Bus oder Straßenbahn gefiel uns. Im Betrieb lernten wir viele neue Leute kennen und mussten nicht den ganzen Tag still sitzen. Wir landeten in einer Buchbinderei und sortierten Papier und Bücher.

Uns beeindruckte eine riesige Maschine aus den 1920er-Jahren, die mit Saugnäpfen die bedruckten Seiten hin und her balancierte, bevor sie gebunden wurden. Bücher, die schief geschnitten waren, durften wir kostenlos mit nach Hause nehmen. Einige Zeit waren wir auch in einem Metallverarbeitungsbetrieb eingesetzt. Ein Mitschüler säbelte sich mit der Blechschere versehentlich ein Stück Fingerkuppe ab. Unvergessen bleibt die Reaktion des Betriebssanitäters: „So schlimm ist das nicht. Wir hatten hier schon einen, der sich den ganzen Finger abgeschnitten hat."

Allmählich begannen wir, uns für Musik zu interessieren. Fast jeder pfiff oder summte das Lied „Tiritomba", das im Westen die Hitparaden gestürmt hatte. Diesem Ohrwurm konnten sich selbst die DDR-Oberen nicht entziehen, und so wurde es im Osten vom Gerd-Natschinski-Orchester neu eingespielt. Sogar unser alter Musiklehrer ließ sich von der Begeisterung mitreißen. Statt der üblichen Volkslieder durften wir im Unterricht nun gemeinsam „Tiritomba" singen. Neuer Stern am DDR-Schlagerhimmel wurde Bärbel Wachholz, eine hübsche Blondine, deren Stimme fast genauso klang wie die von Caterina Valente.

Seit dem Volksaufstand 1953 war die Stimmung angespannter und unser Abschnittsbevollmächtigter ungemütlicher geworden. Wir hatten einen neuen ABV bekommen, der stets darauf achtete, was wir in unserer Freizeit lasen. Das war nicht selten „Schund- und Schmutzliteratur" aus dem Westen: „Lederstrumpf"- Romane, Jerry-Cotton-Krimis oder mit etwas Glück ein zerfleddertes Micky-Maus-Heft. Wir trafen uns mit diesen Schätzen an stillen Plätzen, und wenn der ABV im Anmarsch war, versuchten wir, die Hefte schnell zu verstecken. Das gelang leider nicht immer, und so standen regelmäßig zwei, drei Polizisten mit einer Anordnung zur Hausdurchsuchung vor der elterlichen Tür. Dann hieß es: „Schränke auf!" Wurden Schmöker gefunden, drohten saftige Geldstrafen. Doch auch die Kinderbibliotheken hatten viele schöne Bücher. Wir waren dort Stammgäste, besonders mochten wir Grimms Märchen.

Bärbel Wachholz

Die gelernte Fotolaborantin Bärbel Wachholz verzaubert ab Ende der 50er-Jahre mit ihrer Stimme die gesamte DDR. Es heißt, selbst der sowjetische Kosmonaut Juri Gagarin habe ihr zu Füßen gelegen. „Mama", „Weil ich jung bin", „Amigo", „Damals" und „Das wünsch ich mir" werden ihre größten Hits. Bereits 1961 – die hübsche Blondine ist gerade einmal 22 Jahre alt – druckt die Musikzeitschrift „Melodie und Rhythmus" in sechs Folgen ihre Lebensgeschichte ab.

Bärbel Wachholz veröffentlicht 40 Singles und zwei LPs und geht auch im Ausland mit eigenen Bühnenshows auf Tournee. Bereits in jungen Jahren leidet die Sängerin an Diabetes. 1984 stirbt sie im Alter von 46 Jahren an den Folgen ihrer Krankheit.

Bärbel Wachholz soll sogar Juri Gagarin verzaubert haben.

Jeden Sonntag standen wir an der Kinokasse und kauften eine Karte für die Kindervorstellung.

Kinderkino am Sonntag

Jeden Sonntag um 10 Uhr gingen wir ins Kino zur Kindervorstellung. Der Eintritt kostete nur ein paar Groschen, und es liefen wunderschöne Filme. Vor allem die Mädchen schauten immer wieder „Die Geschichte vom kleinen Muck“. Wir Jungen mochten russische Streifen wie „Tschuk und Gek“, „Ilja Muromez“, „Panzerkreuzer Potemkin“ oder „Wie der Stahl gehärtet wurde“. Der Inhalt interessierte uns dabei weit weniger als die „Actionszenen“. Mindestens genauso spannend fanden wir Fußball. Fast jeder war in einem Sportverein. Ganz Pfiffige hatten mehrere Mitgliedsausweise und konnten so fast täglich nach der Schule bolzen. Sportkleidung und Fußballschuhe stellten die Vereine zur Verfügung.

Als 1956 in Leipzig das „Stadion der Hunderttausend“ eingeweiht wurde, arbeitete unser Vater dort als Ordner. Er nahm uns mit zu den verschiedenen Veranstaltungen, wir durften sogar in den Graben direkt am Spielfeld und verfolgten aus nächster Nähe das Geschehen.
Am 6. Oktober 1956 erlebten wir hautnah das legendäre Hackentor von Fritz Walter, der bis heute als einer der besten Fußballer weltweit gilt. Zwei Jahre später begleiteten wir Vater zur Weltmeisterschaft im Bahnradfahren, die ebenfalls in Leipzig stattfand. Die holländischen Sportler schenkten ihm einen Verpflegungsbeutel, und wir aßen das erste Mal in unserem Leben Bananen und Orangen.

Zu unseren Lieblingsfilmen gehörte der russische Streifen „Tschuk und Gek“.

Waschtag ist lästige Pflicht

Mit zunehmendem Alter mussten wir zu Hause mehr helfen. Vater hatte mit uns ein Zeichen verabredet: Wenn er vorm Haus pfiff, bedeutete das: Sofort runterkommen und Einkaufstaschen mit hochtragen. Was wir gar nicht mochten, war der Waschtag. Zwar sorgten wir für allerhand schmutzige Wäsche, aber mit anpacken war uns ein Graus. Im Waschhaus stand der sogenannte Waschteufel, ein riesiger Kessel mit einer Rührvorrichtung, die wir abwechselnd 30-mal nach links und 30-mal nach rechts drehen mussten. Stunden vorher hatte Mutter die Wäsche kalt eingeweicht, dann wurde heißes Wasser zugegossen. Jeder von uns musste ran, alle halbe Stunde wechselten wir uns ab. Während wir uns lustlos am Waschteufel abrackerten, sahen wir zu, wie die anderen spielten. Das gefiel uns überhaupt nicht.

Gespült wurde die Wäsche in einer Zinkwanne. Das Auswringen war anstrengend, und wenn Mutter die Wäsche zum Trocknen aufhängte, reichten wir ihr die Stücke hinüber. Vieles war geflickt oder zuvor schon von anderen Kindern getragen worden. War alles trocken, kam die Wäschemangel zum Einsatz. Der Lärm, den die schweren Steine in der Maschine machten, war noch zwei Häuser weiter zu hören.

Erster Intershop öffnet in Rostock

Im Rostocker Hafen öffnet am 1. August 1955 die „HO Internationaler Basar" ihre Türen, die erste sogenannte Valuta-Verkaufsstelle. Weitere dieser Geschäfte werden 1956 und 1957 in Wismar, Stralsund, Berlin und Leipzig eröffnet – der „Intershop" ist geboren. An Grenzübergängen, Transitstrecken, Bahnhöfen, Flughäfen und in den Interhotels schießen weitere Intershops aus dem Boden. Ab 1974 dürfen auch DDR-Bürger in den Läden einkaufen. Ende der 80er-Jahre gibt es rund 250 Intershops.

HO-Verkaufsstand mit Friedensbotschaft.

Mit ihren Turbanen sorgten die Inder bei der Friedensfahrt für Aufsehen.

Ein Hauch von weiter Welt

Zweimal im Jahr, im Frühjahr und im Herbst, wehte durch Leipzig der Duft der großen weiten Welt – zur Messe. Schon Wochen vor Messebeginn brachten Eisenbahnen riesige Maschinenteile in die Stadt, und durch die Straßen rollten blank geputzte „Westautos". Mit großen Augen schlichen wir Kinder um die Straßenkreuzer, notierten Typen und Kennzeichen und verglichen abends, wer die meisten Chevrolets, Buicks und Ford Taunus entdeckt hatte. Einige besaßen inzwischen einen eigenen kleinen Fotoapparat vom Typ Pouva Start und lichteten die herrlichen Autos ab.

Ganz Mutige gingen zu den Fahrern und fragten höflich: „Haben Sie bitte eine Münze für mich?" Neben Kleingeld schenkten uns die Messegäste Stammbuchsbilder oder – vor allem die Russen – Abzeichen. In den Schulpausen wurde dann hin und her getauscht. Beliebte Tauschobjekte waren auch Zinnsoldaten, denn in fast jeder Klasse gab es zwei, drei Schüler, die zu Hause Zinnfiguren gossen. Dafür opferten wir gern die Geschenke der Messebesucher.

Während der Messe tauchten auch Straßenkreuzer aus dem Westen auf – unsere Leidenschaft war es, die Autotypen und Kennzeichen zu „sammeln".

Durch die DDR brausten nun jedes Jahr die Teilnehmer der Friedensfahrt. „Tour de France des Ostens“ nannten das unsere Eltern. Von überall her strömten die Menschen, um den Radfahrern aus aller Welt an der Strecke zuzujubeln. Das größte Aufsehen erregten die Inder: Mit ihren Turbanen strampelten sie durch die Straßen und kamen oft Stunden später als unser Rad-Star Täve Schur vorbei. Das Warten nahmen wir aber gern in Kauf, denn wann sah man in der DDR sonst einen Inder? Waren alle Rennfahrer vorbei, wurde die Strecke mit einem Handwagen abgelaufen, in dem alles landete, was andere fallen gelassen hatten. Auch da gab es immer etwas zu schauen.

Sensationstor im „Stadion der Hunderttausend“

Das größte Stadion Deutschlands wird am 4. August 1956 in Leipzig eingeweiht. Bei dieser Massenveranstaltung hat auch die „Osttribüne“ Premiere: Eine lebende Bilderwand, die künftig alle Turn- und Sportfeste begleitet. 12 000 Menschen bilden mit bunten Tüchern Losungen wie „Es lebe der Sozialismus“. Bei diesen Veranstaltungen ist immer etwas los in Leipzig, selten zeigt sich die DDR so bunt. Am 6. Oktober 1956 findet im Zentralstadion vor mehr als 100 000 Zuschauern ein Fußballspiel zwischen dem westdeutschen FC Kaiserslautern und Wismut Karl-Marx-Stadt (Wismut Aue) statt. In diesem Freundschaftsspiel schießt Fritz Walter (Kaiserslautern) sein legendäres Hackentor, das bis heute bei vielen als bestes Tor aller Zeiten gilt. Der 35-Jährige lässt sich einfach nach vorn fallen und befördert den Ball mit der rechten Hacke über seinen Kopf hinweg ins rechte Eck.

Eintrittskarte zum Freundschaftsspiel Kaiserslautern gegen Wismut …

… bei dem Fritz Walter sein legendäres Hackentor schoss.

Ein Blick in die Produktion beim BEC Sternradio Berlin Ende der 50er Jahre. Es werden Kanalwähler für das Fernsehgerät „Weißensee“ gefertigt.

Fernsehräume und Brieffreundschaften

Ende der 50er-Jahre sorgte das Fernsehen für Furore. Mehr als eintausend Mark kosteten die ersten Flimmerkisten und waren damit für die meisten Familien unerschwinglich. In den Wohngebieten wurden deshalb Fernsehräume eingerichtet. Zu besonderen Anlässen, beispielsweise wenn die Friedensfahrt übertragen wurde, kamen die Menschen in Scharen dorthin. Es war ein Riesen-Gedränge. So mussten im Jahr darauf Plätze reserviert werden. Jeder bekam eine Nummer, die am Einlass abgefragt wurde.

Ende der 50er-Jahre besuchte auch der sowjetische Regierungschef Nikita Chruschtschow die DDR. Monatelang waren ganze Straßenzüge eingerüstet, die Häuserfronten wurden grün, gelb und blau gestrichen und von der Bevölkerung deshalb Papageienalleen genannt. Dahinter fiel alles in sich zusammen. Uns faszinierten diese potemkinschen Dörfer, und als Chruschtschow im offenen Wagen daran vorbeifuhr, wird er stolz gewesen sein auf diese vermeintlich vorbildliche Aufbauarbeit.

Mittlerweile konnten wir einigermaßen russisch. In der Schule wurden Brieffreundschaften mit Kindern aus der Sowjetunion vermittelt. Mit einem Stapel wunderschöner, bunter Kuverts kam unsere Lehrerin in die Klasse und fragte, wer eine Freundschaftsadresse möchte. Die meisten meldeten sich, vor allem wegen der vielen Briefmarken auf den Umschlägen.

Unser mehr oder weniger umfangreicher Briefwechsel fand dann meistens auf Deutsch statt. Stets schrieben wir aber ein paar russische Worte wie МИР (Frieden), ДРУЖБА (Freundschaft) oder ДО СВИДАНИЯ (Auf Wiedersehen) hinzu und hofften, dass uns unser Freund bald wieder einen so schönen Antwortbrief mit Pferdebildern oder Stadtansichten senden würde. Lag das Kuvert endlich im Briefkasten, öffneten wir es ganz vorsichtig. Fast immer erfüllten die sowjetischen Kinder unsere Wünsche und schickten Kalender oder Postkarten mit.

Plastebomber geht in Serie

Am 7. November 1957 beginnt im Automobilwerk Zwickau („Sachsenring") die Produktion des P 50. Zu Ehren des ersten Erdtrabanten „Sputnik" erhält das neue Automodell den Namen „Trabant". Das Fahrzeug, in dem vier Erwachsene Platz finden, gilt zunächst als vollwertiger Kleinwagen, aufgrund seines Zweitaktmotors aber schon ab Mitte der 1960er-Jahre als nicht mehr zeitgemäß. Trotzdem wird das als „Plastebomber" und „Rennpappe" verspottete Auto jahrzehntelang ohne nennenswerte technische Veränderungen weiterproduziert.

Mangels Alternativen ist die Nachfrage ungebrochen, die Wartezeit für einen Trabant beträgt bis zu 12 Jahre. Bis Mai 1990 laufen drei Millionen Zweitakt-Trabis vom Band. Heute hat das Auto, dem zu DDR-Zeiten eine Art Hassliebe entgegenschlug, Kultstatus, es gibt zahlreiche Fanklubs. Mit dem Film „Go Trabi Go" wurde dem Trabant 1991 ein Denkmal gesetzt.

Eines der ersten Trabant-Modelle. Der „Plastebomber" wurde als geräumiges Fahrzeug gepriesen, wie es das Foto dokumentieren soll.

Auch bei Ausflügen in die Natur durfte ein kleiner Fahnenappell nicht fehlen.

Endlich Ferien!

Das Schönste im Jahr waren die langen Sommerferien. Kaum war der letzte Schultag vorbei, warfen wir den Ranzen in die Ecke und jubelten den Abenteuern entgegen, die uns in den nächsten zwei Monaten erwarteten. Für den symbolischen Beitrag von einer Mark durften wir zwei Wochen lang an den Ferienspielen teilnehmen. Jeden Tag stand etwas anderes auf dem Programm: Wir gingen in den Zoo, ins Kino, baden, wandern oder machten Tagesausflüge in die nächstgrößeren Städte. Jeden Morgen trafen wir uns auf dem Schulhof zu einem kurzen Fahnenappell, bei dem das Programm für den Tag bekannt gegeben wurde. Danach teilten uns die Erzieher in Gruppen auf und los ging es.

Der große Bruder ließ es sich im Strandkorb gut gehen.

Noch besser fanden wir nur die Ferienlager. Sie waren idyllisch gelegen, in der Nähe gab es immer einen Wald und Bademöglichkeiten. Zwei Wochen keine Ermahnungen der Eltern und kein Helfen im Haushalt! Uns verschlug es nach Zollgrün in Thüringen. Die Fahrt dorthin erschien uns wie eine Weltreise. Der kleine Ort liegt an der Bundesstraße 2 – damals die Interzonenstrecke zwischen Hof und Schleiz. Wir beobachteten die vorbeiziehenden Westautos und suchten an den Straßenrändern nach Dingen, die die Fahrer achtlos aus dem Fenster geworfen hatten. So kamen wir zu unseren ersten (leeren) Coca-Cola-Dosen und West-Zigaretten-Schachteln, die wir vorsichtig ausbeulten und abwischten.

Schnell brach das Sammel- und Tauschfieber aus. Für zwei Marlboro-Schachteln bekam man eine von HB, denn die waren seltener. Die Fundsachen tauschten wir Ferienlagerkinder nicht nur untereinander, sondern auch mit der Dorfjugend. Die „Landeier“, wie wir Großstadtkinder sie heimlich nannten, freuten sich über neue Gesichter und unsere Geschichten aus der Stadt. Gern

In den Ferien trafen die „Landeier“ auf die Stadtkinder.

zeigten sie uns ihre vielen Haustiere. Selbst Hunde und Katzen waren damals selten in den Städten.

Wieder zu Hause, stapelten wir unsere Getränkedosen und Zigarettenschachteln fein säuberlich auf den Schrank. Beim Anblick der leeren Schachteln kamen wir auf die Idee, es auch einmal mit Rauchen zu versuchen. Schließlich waren wir schon groß! Wir brachen den hohlen, abgestorbenen Ast eines Weinstockes ab, zündeten ein Ende an und zogen an dem anderen. Der beißende Geschmack auf der Zunge war fürchterlich, doch wir verzogen keine Miene. Hauptsache, aus dem Mund kam Qualm! Selbstverständlich rauchten wir nur „Backe". Eines Tages, es muss in der siebten Klasse gewesen sein, bekamen alle Mädchen und Jungen einen Brief der Schule mit nach Hause. Darin stand, es habe bedauerlicherweise einen Vorfall gegeben, bei dem ein Mädchen von einem Mitschüler unsittlich berührt worden sei. So sei es zwingend notwendig, die Kinder aufzuklären. Wir lieferten den Brief brav bei den Eltern ab, wir hatten uns ja nichts zu Schulden kommen lassen. Vater verschwand sofort aus der Wohnung, als er hörte, worum es ging. Mutter gab sich alle Mühe, ihrer Pflicht nachzukommen und erzählte uns etwas von Schwangerschaft und Kinderkriegen. Mit gesenkten Köpfen hörten wir zu und waren peinlich berührt. Vieles wussten wir ja längst, obwohl uns das andere Geschlecht noch nicht allzu sehr interessierte. Das sollte sich bald ändern.

Zitterbacke, Hühnerkacke

1958 erblickt der Kinderliebling der DDR das Licht der Welt: Alfons Zitterbacke, ein zehnjähriger Pechvogel aus Berlin. Schon wegen seines Namens hat er allerhand auszustehen – reimt sich Zitterbacke doch wunderbar auf Hühnerk...!

Leicht hat es der freundliche, hilfsbereite Alfons nicht. Ob bei seiner Fahrt in der Geisterbahn, dem Plan, Kosmonaut zu werden oder dem Versuch, sich mit 60 Eiern einen ordentlichen Bizeps anzuessen – immer geht etwas schief. Doch Alfons behält in jeder Situation die Nerven, nicht zuletzt, weil ihm stets sein bester Freund, der gelbe Wellensittich Putzi, zur Seite steht.

Erfunden wurde Alfons von Gerhard Holtz-Baumert. 1966 kommt der gleichnamige Film des Regisseurs Konrad Petzold in die Kinos. Jahrzehntelang ist Alfons Zitterbacke eines der beliebtesten Kinderbücher.

Aufbruch in die Welt der Erwachsenen

Die Lehrstellensuche beginnt

Vor uns stand die nächste große Herausforderung: Wir mussten uns eine Lehrstelle suchen. Die meisten verließen die Schule nach der achten Klasse, denn viele Eltern wollten, dass ihre Kinder endlich eigenes Geld verdienen. Und wir wollten das auch. Die Schulen gaben sich alle Mühe, damit wir bis zur zehnten Klasse blieben – wer eher abgehen wollte, wurde mit den Eltern zum Direktor gebeten. Den Argumenten sozial schwacher Familien hatte er jedoch wenig entgegenzusetzen. Obwohl der vorzeitige Schulabschluss also nicht gern gesehen war, unterstützten uns die Schulen bei der Lehrstellensuche.

Wir erhielten Listen mit Ausbildungsplätzen und -betrieben und machten uns mit der Mutter und unserem Februar-Zeugnis auf die Suche. Viele Stellen gab es auf dem Bau, als Koch, Fleischer oder Friseur. Die Eltern wollten, dass wir

Chronik

3. Juni 1959
Die Volkskammer beschließt das Gesetz über landwirtschaftliche Produktionsgenossenschaften (LPG).

7. Oktober 1959
Die Rappbodetalsperre wird eingeweiht. Mit 415 Metern Länge und 106 Metern Höhe ist sie die größte in Deutschland.

28. April 1960
Auf Anordnung des DDR-Ministerrates wird auf Landkarten der Begriff Deutschland nicht mehr verwendet.

18. August 1960
In den USA kommt die Antibabypille auf den Markt. In der DDR wird die „Wunschkindpille" im November 1965 zugelassen.

12. September 1960
Walter Ulbricht wird nach dem Tod Wilhelm Piecks Vorsitzender des Staatsrates der DDR.

12. April 1961
Der Russe Juri Gagarin umrundet in der Raumkapsel „Wostok" als erster Mensch die Erde.

29. Juli 1961
Für berufstätige Frauen wird der monatliche bezahlte Hausarbeitstag (Haushalttag) eingeführt.

13. August 1961
Die Grenzübergänge von Ost- nach Westberlin werden abgeriegelt. Der Mauerbau beginnt.

24. Januar 1962
In der DDR wird die allgemeine Wehrpflicht eingeführt.

3. April 1963
Zehn DDR-Bürger fliehen mit einem Floß über die Elbe in die Bundesrepublik.

10. April 1963
DEFA-Filmpremiere von „Nackt unter Wölfen".

22. November 1963
Der amerikanische Präsident John F. Kennedy fällt in der texanischen Stadt Dallas einem Attentat zum Opfer.

In den Ausbildungsbetrieben lernten uns erfahrene Arbeiter an, und wir verdienten endlich unser erstes eigenes Geld.

einen handwerklichen Beruf erlernen – Schlosser, Klempner oder Maler. Handwerker waren angesehen und verdienten gut, auch nach Feierabend. Bei den Mädchen war Verkäuferin der Favorit. Von unseren Mitschülern blieben nur drei bis zur zehnten Klasse. Sie waren neidisch auf uns und unser Lehrlingsgeld und hatten keine Lust, weiterhin die Schulbank zu drücken. Wer Handwerker war, „pfuschte" von Anfang an nach Feierabend. Diejenigen, die in einer Produktionsgenossenschaft (PGH) arbeiteten, freuten sich außerdem über die jährlichen Gewinnausschüttungen.

Jugendweihe-Urkunde aus den 1950er-Jahren mit dem Jugendweihe-Gelöbnis.

Geldgeschenke zur Jugendweihe

Gleichzeitig steuerten wir dem Höhepunkt unseres Jugendlebens entgegen: der Jugendweihe. Für die Jungen war ein schwarzer Anzug Pflicht. Bei den Schuhen lautete das Motto: spitz, spitzer, am spitzesten. Die Mädchen trugen meistens weite, knielange Röcke, einen Pferdeschwanz oder hochgesteckte Frisuren. Während uns unser Aussehen das größte Kopfzerbrechen bereitete, bemühten sich die Lehrer, uns während der Jugendstunden – Anwesenheit war Pflicht – mit der geistigen Reife auszustatten. Es ging um die Liebe zum Lande Lenins, den Frieden, das sozialistische Vaterland, Kollektive und Helden der Arbeit. Dann war es endlich so weit! Alle repräsentativen großen Räume in der Stadt, vom Rathaus bis zum Altersheim, waren von Jugendweihlingen belegt. In Reih und Glied marschierten wir ein. Der Stadtbezirksbürgermeister schüttelte jedem von uns die Hand, danach überreichten uns Pioniere Blumen und das Buch „Weltall, Erde, Mensch". Wir fanden es klasse, dass die Lehrer uns ab sofort mit „Sie" ansprechen würden. Endlich erwachsen! Gefeiert wurde zu Hause im engsten Familienkreis. Als Erstes aber stürmten wir den Hausbriefkasten. Aus sämtlichen Nachbarhäusern hatten wir Glückwunschkarten erhalten, fast jeder hatte einen Geldschein in das Kuvert gelegt. Aufgeregt zählten wir mit unseren Freunden um die Wette, wer das meiste Geld bekommen hatte. Mit 100 Mark fühlten wir uns unglaublich reich. Nur wenige hatten ein Kofferra-

Mit Schlips und Kragen zur Jugendweihe.

Bereits Wochen vorher hatten wir uns den Kopf zerbrochen, was wir zur Jugendweihe anziehen würden. Schick sahen alle aus.

dio oder gar ein Moped erhalten. Die weniger Begüterten freuten sich schon riesig über eine Brieftasche aus echtem Leder. Viele Großeltern hatten Sparbücher mit etwas Startkapital für uns eröffnet.

An diesem Abend waren die meisten von uns das erste Mal betrunken. Wein und Bier, möglichst noch durcheinander, das musste ja schiefgehen. Ein anderes Indiz fürs Erwachsensein hielten wir schon länger in den Händen: unseren blauen Personalausweis. Kurz vor unserem 14. Geburtstag war ein Schreiben ins Haus geflattert, auf dem sinngemäß stand: „Sie werden gebeten, bezüglich einer Personalausweisangelegenheit vorzusprechen." So marschierten wir erst zum Fotografen und anschließend mit den Passbildern zur Polizei, wo wir bei der Angabe unserer Körpergröße gern ein paar Zentimeter dazuschwindelten.

Halbstarke und Eckensteher

Erwachsen sein bedeutete auch: FDJ-Mitglied sein. Nur ganz wenige kirchlich gebundene Mädchen und Jungen hatten die Möglichkeit, sich dem zu entziehen. Selbst wer monatelang keinen Beitrag zahlte, wurde nicht aus dem Jugendverband ausgeschlossen. Viel los war nach wie vor am 1. Mai, dem „Internationalen Kampf- und Feiertag der Werktätigen". Die Demonstrationen wurden von Jahr zu Jahr größer. Auch wir Jugendlichen mussten daran teilnehmen und den Regierenden mit Papierfähnchen zuwinken. Schlimm waren die dran, die große Fahnen oder Transparente tragen mussten. Ihnen war es unmöglich, sich vorzeitig davonzustehlen.

Natürlich wollten die meisten von uns diesen schul- und arbeitsfreien Tag anders verbringen. Wir hatten inzwischen ganz andere Interessen, als im Blauhemd herumzulaufen. Einige waren bei den Nachbarn mittlerweile als „Halbstarke" oder „Eckensteher" verschrien, weil sie ständig irgendwo herumlungerten. Die ganz Schlimmen, die „Rowdys", rauchten heimlich oder tranken Bier. In unseren letzten großen Schulferien verdienten wir uns durch freiwillige Ferienarbeit ein kleines Vermögen. Mit dem Traktor – wir saßen auf dem Anhänger – rumpelten wir auf die Felder vor der Stadt und ernteten Kartoffeln. Das Kapitel Schule war abgeschlossen.

Heimlich wird Westmusik gehört

Wir begannen – die Älteren machten es uns vor – Rock 'n' Roll und Twist gut zu finden und wollten Nietenhosen und lange Haare. Der DDR-Regierung gefiel es überhaupt nicht, dass sich die Jugend für die „Hottentottenmusik" aus dem Westen begeisterte. So wurde der „Lipsi" eingeführt. Dieser Paartanz kam bei uns aber nicht sonderlich gut an. Mit unserem Transistorradio namens „Sternchen" hörten wir heimlich Westmusik auf Radio Luxemburg, dem Deutschen Soldatensender und dem Freiheitssender. Elvis, Chubby Checker und Bill Haley rissen uns mit. Wer ein Radio mit guten Lautsprechern und noch dazu gutem Empfang hatte, lud sich Freunde ein, die ein Tonband besaßen.

Tonbandbesitzer waren die Könige. An Schallplatten kamen wir nur selten, deshalb waren Mitschnitt-Aktionen oft der einzige Weg, an Westmusik zu

Tonbandgerät „KB 100". Wer das besaß, galt in der Clique als König.

kommen. Die Qualität unserer Tonbänder ließ allerdings zu wünschen übrig, denn die Sender waren nur über Kurz- und Mittelwelle zu empfangen. Das bedeutete ein permanentes Rauschen und Quietschen, manchmal war der Empfang mitten im Lied ganz weg. Doch wir sagten uns: Lieber so als gar nicht! Mitunter hörten wir sogar während der Arbeit mit unseren Kofferradios die Westsender, auch wenn es nicht gern gesehen war. Streng verboten war nur RIAS-Hören. Der „Rundfunk im amerikanischen Sektor“ galt als schlimmer Hetzsender gegen die DDR.

„Lipsi“ soll die Tanzflächen stürmen

Im Januar 1959 findet in Lauchhammer eine dreitägige Tanzmusik-Konferenz statt, an deren Ende der Paartanz „Lipsi“ seine Uraufführung hat. Die Musik dazu stammt von dem Leipziger Komponisten René Dubianski, vorgeführt werden die Schritte vom Leipziger Tanzlehrerpaar Seifert. Der Name des Tanzes leitet sich ab von Lipsia, der lateinischen Bezeichnung für Leipzig. Die Anregung für den „Lipsi“ soll von Walter Ulbricht höchstpersönlich ausgegangen sein, um dem Rock 'n' Roll aus dem Westen etwas entgegensetzen zu können. Doch schon wenig später wird „Lipsi“ von der Rockmusik verdrängt.

In Leipzig wird eine Gruppe Jugendlicher hart bestraft, die durch die Innenstadt gezogen war und gerufen hatte: „Wir wollen keinen Lipsi und keinen Alo Koll, wir wollen Elvis Presley und seinen Rock 'n' Roll!“

DDR betreibt geheime Radiosender

Als am 17. August 1956 in der Bundesrepublik die KPD verboten wird, taucht wie aus dem Nichts auf Mittelwelle eine neue Rundfunkstation auf. Als Stationskennung erklingen die Anfangstakte von „Freude schöner Götterfunken" und der Slogan: „Hier ist der Deutsche Freiheitssender 904 – der einzige Sender der Bundesrepublik, der nicht unter Regierungskontrolle steht". Dieser Propagandasender wird von der DDR ins Leben gerufen, erweckt allerdings zunächst den Anschein eines illegalen Westsenders. Obwohl die Sprecher aus dem Westen stammen, lässt sich aber nicht lange verheimlichen, dass der Sendeturm im Osten steht. Um in der BRD möglichst viele junge Menschen zu erreichen, spielt der Freiheitssender vor allem Westmusik. Abends werden verschlüsselte Mitteilungen wie „Nachricht an Kalenderblatt: Es ist nicht aller Tage Abend" verlesen, die sich angeblich an Kommunisten in der BRD richten.

Das Transistorradio „Sternchen".

1960 schickt die DDR zusätzlich den Deutschen Soldatensender 935 über den Äther, der ähnlich funktioniert und mit dem versucht wird, auf Bundeswehrsoldaten Einfluss zu nehmen. Rückblickend meinte ein ehemaliger Chefredakteur des Freiheitssenders in einem Interview: „Nichts wurde in Bewegung gebracht. Nur die Musik kam gut an." Die meisten Hörer hatten die Sender vermutlich ohnehin in der DDR.

Gehst du Lederol bekleidet, jeder Westler dich beneidet!

Natürlich wünschten wir uns auch die passende Kleidung. Die Jungs, die zwei, drei Jahre älter waren als wir, fuhren mit ihrer Clique mehrmals im Jahr nach Westberlin. Sie schauten in den Kinos Wildwest-Filme und kamen im James-Dean-Stil mit Nietenhose und roter Lederol-Jacke zurück. Wir vergingen fast vor Neid und hingen förmlich an ihren Lippen, wenn sie von ihren Ausflügen erzählten. Zu gern wären auch wir einmal nach Westberlin gefahren, aber wir waren noch zu jung. Neuerdings trugen wir Jungen einen „Enten"-Haarschnitt. Mit Zuckerwasser formten wir unsere Frisur und warteten geduldig, bis die Haare trocken und fest waren. Wehe, wenn uns jemand ärgerte und die „Ente" zerstörte! Die Frisur war unser Heiligtum.

Damit unsere jugendliche Energie in halbwegs geordneten Bahnen blieb, bekamen wir einen Klubraum zur Verfügung gestellt. Es waren die ehemaligen

Umkleidekabinen der im Krieg zerstörten Turnhalle, der Flachbau befand sich zwischen katholischer Kirche und Polizeirevier. Voller Elan gingen wir an die Arbeit, entrümpelten die Räume und richteten sie her. Bedingung war, dass ein FDJ-Emblem an der Wand hing. Unsere erste Amtshandlung bei Partys war es, das Emblem von der Wand zu nehmen, damit unsere Freunde ja nicht dachten, wir wären „Rote". Party bedeutete Musik und Tanz.

Regelmäßig traf sich der von uns gewählte Klubrat und legte den Termin für die nächste Fete fest. An diesem Tag begann nachmittags das große Reinemachen. Es wurde gefegt, gewischt, wir hängten Girlanden auf, rückten Stühle und Tische zurecht, richteten eine Bar-Ecke ein und stellten die Beleuchtung auf schummrig. Eine zweite Gruppe zog mit dem Handwagen los, kaufte fünf, sechs Kästen Bier, drei Flaschen Likör (Pfefferminz- und Kaffeelikör, auch Kommodenlack genannt), Wodka sowie Brötchen und Wurst.

Die Mädchen belegten die Brötchen, dann wurde das Tonbandgerät aufgedreht und los ging es mit „Rock around the clock". Die Einlasskontrolle sorgte dafür, dass keine Fremden hineinkamen und unsere Brötchen wegaßen, wobei sie bei hübschen Mädchen durchaus ein Auge zudrückten. Obwohl wir uns nicht an die 60/40-Regelung hielten, sondern 96 Prozent West- und nur vier Prozent Ostmusik spielten, bekamen wir keinen nennenswerten Ärger. Fast täglich trafen wir uns nach der Arbeit in unserem Klub. Die Jungen spielten Skat und tranken Bier, die Mädchen kicherten in den Sessel-Ecken. Immer wieder überspielten wir in einem Nebenraum mit Tonbändern die neueste Musik.

Juri Gagarin startet ins Weltall

Am 12. April 1961 umkreist der sowjetische Kosmonaut Juri Gagarin als erster Mensch die Erde. Wohlbehalten landet der 27-Jährige in seiner Raumkapsel „Wostok" nach 108 Minuten wieder auf der Erde. Die Sowjetunion demonstriert mit dem ersten bemannten Raumschiff gegenüber den USA ihren Vorsprung in der Raumfahrt. Am 27. März 1968 kommt Juri Gagarin bei einem Übungsflug ums Leben.

Juri Gagarin nach seiner Rückkehr aus dem All.

Glücklich, wer seine Freundin auf einem Motorrad spazieren fahren konnte.

Eisdiele wird zum Cliquentreff

Wir Jungen setzten nun alles daran, ein Moped zu bekommen. Die meisten fingen klein an, mit einem „Hühnerschreck". Düsten wir auf diesem Fahrrad mit Hilfsmotor dreimal die Straße hoch und runter, war alles voller Qualm und man sah kaum die Hand vor Augen. Wer mehr Geld hatte, leistete sich ein Simson-Moped SR 1. Das Kultmotorrad schlechthin war die Jawa 350, die bulligste Maschine, die es in dieser Zeit zu kaufen gab. Beim Blitzstart ging das Vorderrad hoch und der Sozius hinten runter. Es bildeten sich regelrechte Jawa-Cliquen. Zu fünft oder zu zehnt trafen sie sich mit ihren Motorrädern vor der Eisdiele, wo die Mädchen schon Spalier standen. Die Jawas waren verchromt, wo es nur ging: Chromschutzbleche, Chromtank, Chromstoßdämpfer – und hinten dran am besten ein wehender Fuchsschwanz. Damit der Auspuff lauter röhrte, wurde eine Verlängerung angeschraubt.

Wenn die Jawa-Cliquen mit den Mädchen hinten drauf losdonnerten, schauten wir neidvoll hinterher und die „Alten" schimpften über die „Ochsen" und „Krawallmacher". Denen, die keine Jawa hatten, mit der sie bei den Mädchen Eindruck schinden konnten, blieb immer noch das Kino. Wer Kontakte knüpfen wollte, ging eine halbe Stunde vor Vorstellungsbeginn hin. Mädchen und Jungen standen dort in Grüppchen, schauten schüchtern oder verwegen zu den anderen hinüber und wurden auch mal rot. Hatte sich ein Pärchen gefunden, ließen die Probleme allerdings nicht lange auf sich warten: Freunde bzw. Freundinnen fühlten sich schnell vernachlässigt und machten Stimmung gegen die plötzliche Konkurrenz. So hielten viele Liebschaften nur ein paar Tage, dann hatte einen die vertraute Clique wieder.

Da viele junge Männer nicht so recht wussten, wohin mit ihrer Energie, wurden im Fußball Straßenmeisterschaften ausgerufen, bei denen die verschiedenen Klubs gegeneinander antreten sollten. Fußballspielen machte immer Spaß, und wir sollten mit diesen Angeboten wohl ruhiggestellt werden.

Mauerbau schockiert die Menschen

Der Bau der Berliner Mauer im August 1961 hatte uns verwirrt, waren wir doch überwiegend westlich orientiert. Schmöker, Rock' n' Roll und Nietenhose – das waren die Dinge, die uns gefielen. Den Regierenden war sicher bewusst, dass viele von uns nicht die Sorte junger Menschen war, die sie sich erträumten.

Dass quasi über Nacht eine Mauer gebaut worden war, erfuhren wir aus dem Radio. Die wenigen, deren Eltern einen Fernseher besaßen, dachten angesichts der Bilder, ein neuer Krieg beginnt. Viele hatten Verwandte in Berlin und sorgten sich um sie. Wir verstanden nicht so recht, was dort, wo wir doch auch bald modische Hosen und Jacken kaufen wollten, vor sich ging.

Über Nacht ließ die DDR-Regierung an der Grenze zu Westberlin eine Mauer hochziehen, die streng bewacht wurde.

DDR-Bürger werden zu Gefangenen im eigenen Land

Auf einem Treffen in Moskau Anfang August 1961 überzeugt der DDR-Staatsratsvorsitzende Walter Ulbricht die Parteiführer der sozialistischen Bruderländer davon, dass nur eine Schließung der Grenzübergänge von Ost- nach Westberlin die Fluchtbewegung aus der DDR aufhalten könne. Allein von Januar bis August 1961 sind mehr als 160 000 Menschen geflohen. Wegen der fehlenden Arbeitskräfte steht die DDR vor dem wirtschaftlichen Zusammenbruch. Am 13. August 1961 lässt die DDR-Führung die Berliner Sektorengrenze mit Stacheldraht und Straßensperren abriegeln. In den Monaten danach wird die Teilung der Stadt durch die Errichtung des „antifaschistischen Schutzwalles", einer meterhohen Betonmauer, zementiert. Auch die deutsch-deutsche Grenze wird durch den Todesstreifen zum unüberwindbaren Hindernis. 16 Millionen Menschen können fortan von Reisen in den Westen nur noch träumen.

Immer wieder versuchen verzweifelte DDR-Bürger, die schwer bewachte Grenze zu überwinden, die sie zu Gefangenen im eigenen Land macht. Viele verlieren dabei ihr Leben oder werden gefasst und zu langjährigen Zuchthausstrafen verurteilt. Auch wenn es keine genauen Zahlenangaben gibt: Schätzungen gehen mittlerweile von etwa 1000 Todesopfern an der innerdeutschen Grenze aus.

Micky Maus und Bonanza

Was das Fernsehen anbelangte, kamen wir bald auf den Geschmack. Die Eltern eines Nachbarjungen besaßen eine Flimmerkiste, und wir bedrängten ihn immer wieder, er möge uns doch bitte fernsehen lassen, nur eine Stunde! Meistens gab er nach, wenn seine Eltern nicht da waren. Hatten wir Glück, liefen im Westfernsehen gerade Micky-Maus-Filme oder „Bonanza", eine amerikanische Westernserie. War die vereinbarte Stunde um, gingen wir brav und zogen noch schnell die Sitzbezüge glatt, um keine Spuren zu hinterlassen.

1963 leisteten wir von unserem Gehalt die Anzahlung für den ersten eigenen Fernseher. Es war das Modell Ines, das im Wohnzimmer unserer Eltern einen angemessenen Platz fand. Fortan versammelte sich die gesamte Familie zum gemeinsamen Fernsehen. Etwa zur gleichen Zeit sorgte die „Aktion Ochsenkopf" (benannt nach einem Sendeturm in Bayern nahe der innerdeutschen Grenze) für großen Wirbel: Übereifrige FDJler rissen nach Westen gerichtete Fernsehantennen von den Dächern, nicht selten kam es dabei zu Handgreiflichkeiten. Wir montierten unsere Antenne rechtzeitig selbst ab und auf dem Dachboden versteckt wieder auf. Der Empfang von Westfernsehen war gesichert!

Die ersten Urlaube verbrachten wir auf Zeltplätzen an der Ostsee.

Ein vorprogrammierter Weg

Was nun folgte, war weitgehend vorprogrammiert. Tagein, tagaus gingen wir zur Arbeit. Für viele blieb die Arbeitsstelle über Jahrzehnte hinweg die gleiche. Wir verliebten uns und heirateten schnell – manchmal zu schnell –, um möglichst bald eine eigene Wohnung zugewiesen zu bekommen. Das erste Kind ließ meistens nicht lange auf sich warten. Wer Glück hatte, durfte in eine Neubauwohnung mit fließend warmem Wasser und Zentralheizung ziehen. Andere ärgerten sich mit undichten Fenstern und Dächern sowie kalten Toiletten auf halber Treppe herum.

Das erste eigene Auto war vorerst kein Thema. In Ruhe konnten wir während der jahrelangen Wartezeit darauf sparen. Unsere Sommerurlaube verbrachten wir am liebsten an der Ostsee. Später wurde Ungarn mit seinem Hauch von „Westen“ unser Traumurlaubsziel. Nicht wenige wurden Parteigenossen – und schauten trotzdem gern Westfernsehen. Diesen Weg sollten noch viele Jahrgänge nach uns beschreiten.